「Clang++」
クラン

ではじめる

C++

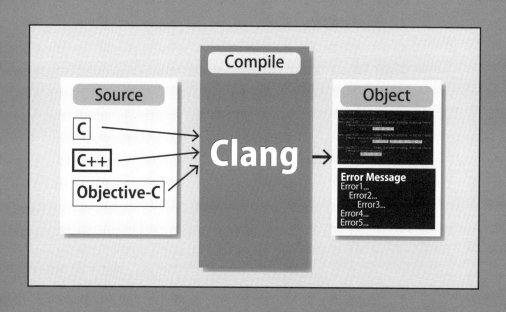

はじめに

　この本は、「プログラムの専門書」ではなく、「プログラムの教科書」として書きました。

　しかし、「右に進む」「左に進む」では、プログラムの意味はありません。
　実際に利用されている言語を利用しなければ、意味がありません。

　「C言語」では、「メモリ関数」に不安定な部分があり、「教科書」用としては、不向きな部分があります。
　「Python」には、「連立方程式」などのプログラムが「関数」として用意してあり、「アルゴリズム」の練習としては、不向きな部分があります。
　そこで注目したのが、「エラー・メッセージ」が最も少ない「Clang++」です。

　「プログラム」は、「作りながら」「エラー・メッセージを出しながら」、勉強していくものです。

　ぜひ、プログラムを入力しながら、「Clang++」を勉強してください。

　　　　　　　　　　　　　　　　　　　　　　　小田　政明

「Clang++」ではじめるC++

CONTENTS

「サンプル・プログラム」のダウンロード

　本書の「サンプル・プログラム」は、工学社ホームページのサポートコーナーからダウンロードできます。

＜工学社ホームページ＞

http://www.kohgakusha.co.jp/support.html

ダウンロードしたファイルを解凍するには、下記のパスワードを入力してください。

LMtJs5n4qsAp

すべて「半角」で、「大文字」「小文字」を間違えないように入力してください。

第1章

Clang++ をインストールする

まずは、「7-ZIP」「MSYS2」「サクラエディタ」などのC++言語の扱うための、「道具」を用意します。

ネット環境は、すぐ変化するので、かならずしも、この説明の通りではないかもしれません。
そのときに応じて、対応してください。

1-1　「msys2 mingw clang」を利用する

手順

[1] 「7-Zip」をダウンロードする

圧縮ファイルを解凍するために、「7-Zip」(https://sevenzip.osdn.jp/) より、「64bit版」もしくは「32bit版」をダウンロード。

すでに導入した人もバージョンを確認し、必要であれば更新する。

7-Zip

7-Zipは高圧縮率のファイルアーカイバ(圧縮・展開/圧縮・解凍ソフト)です。

7-Zip 19.00(2019-02-21) for Windowsをダウンロード:

リンク	タイプ	Windows	サイズ
ダウンロード	.exe	32ビット x86	1 MB
ダウンロード	.exe	64ビット x64	1 MB

7-ZIP　ダウンロード

※64bit版か32bit版かは、現在使っているOSによるので、確認してからダウンロードしてください。

[2] 「7-zip」をインストール

> ※解凍の前に、作業用フォルダ「oda」と「work」を、Cドライブの直下に作っておいてください。

[3] 「msys2」をダウンロードする

下記URLから「mysys2」をダウンロード。

https://www.msys2.org/

「msys2」のダウンロードページ

「i686」が32bit版で、「x86_64」が64bit版です。

以下、「64bit版」の場合で進めます。

[4] ダウンロードしたファイルを実行

ファイルを「ダブル・クリック」で実行すると、設定ウィザードが始まります。

[5] 説明に従って進める

インストール先を選択。

初期設定では、「C:¥msys64」に展開されます。

場所は、「Cドライブ」の直下に置くのがいいでしょう。

[6]展開したファイルから、「msys2_shell.cmd」を探して実行

展開先の「フォルダ」内に、「msys2_shell.cmd」というファイルがあるので、「ダブルクリック」。

M msys2.exe	2016/09/08 2:59	アプリケーション	53 KB
M msys2.ico	2020/02/24 21:57	アイコン	26 KB
msys2.ini	2016/09/08 2:59	構成設定	1 KB
msys2_shell.cmd	2020/02/24 21:57	Windows コマンド ...	8 KB
network.xml	2020/04/03 15:51	XML ドキュメント	1 KB

msys2_shell.cmd

[7]開いた画面を一度閉じる

「exit」と入力し、エンターを押すと、「ログアウト」と表示されて終了します。
画面を「閉じる」ときには、必ず「exit」を利用してください。

```
user@DESKTOP-ET3R7FP MSYS ~
$ exit
```

「exit」と入力

[7]「pacman」コマンドで、パッケージを更新

「pacman」は「パッケージ管理コマンド」で、始める前にpacman本体と、パッケージの更新を行ないます。

再び「msys2_shell.cmd」をダブルクリック。
そして、

```
pacman -Syuu
```

と打って、実行。

[8]更新ファイルをインストール

インストールを行ないますか？と聞かれるので「Y」を打ちます。

*

> ※チェックや更新は時間がかかります。
>   失敗することもあるので、目を離さないようにしましょう。
>   エラーが出たときは、画面の指示に従います。

インストール中の画面

終わったら、「exit」で閉じます。

[9] 64bit用MinGWのインストール

「msys2_shell.cmd」をダブルクリック。

そして、

```
pacman -S mingw-w64-i686-clang mingw64-x86_64-clang
```

と一行で書き、実行。

> ※何度も、この部分で失敗しますので、成功するまで続けます。
> ※サーバーの利用が集中する時間は、避けましょう。
> 私は、朝の6時に命令を実行して成功しました。

これが成功すれば、あとはそんなに難しくありません。

次は、コマンドプロンプトでmsys2_shell.comのあるパスに移動します。
そして、64bitのマシンでは、

```
call msys2_shell.cmd -mingw64
```

32bitのマシンでは、

```
call msys2_shell.cmd -mingw32
```

を実行します。

> ※これは時間がかかります。成功しない場合、マシンのパワーが足りない可能性
> があります。

成功すると、次のような構成になります。

この中に「clang++.exe」のファイルがあることを確認してください。

このままでは、パスを通すのが面倒なので、「mingw64」のフォルダごとCド
ライブの直下に移動(またはコピー)します。

すると、ファイル構成は、次のようになります。

ファイル構成

1-2 「path」を通す

これで、「c:¥mingw64¥bin」パスを通すことになります。

そこで、「コントロールパネル」→「すべてのコントロールパネルの表示」→「システム」

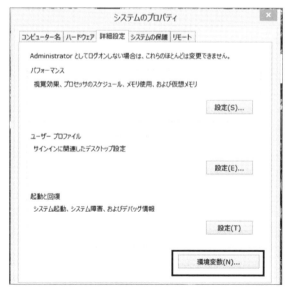

システムのプロパティ

ここで、「環境変数」を選択。

「環境変数」の設定

システム変数の編集で「path」を選択し「変数値」に「;c:¥mingw64¥bin」を追加
します。

これでパスが通りました。

*

コマンドプロンプトで確認してみます。

```
c:¥>cd gcc

c:¥gcc>clang++ -v
clang version 5.0.0 (tags/RELEASE_500/final)
Target: x86_64-w64-windows-gnu
Thread model: posix
InstalledDir: c:¥mingw64¥bin

c:¥gcc>
```

「clang++」にパスが通ってることの確認

この表示を確認してください。

「clang++」にパスが通っていることが確認されました。

ここでは、C言語のコンパイラ「CC」がインストールされています。

```
c:¥gcc>cc --version
cc (GCC) 4.8.1
Copyright (C) 2013 Free Software Foundation, In
This is free software; see the source for copyi
warranty; not even for MERCHANTABILITY or FITNE
```

「CC」がインストールされている

1-3　「サクラエディタ」をインストールする

次に「テキスト・エディタ」の「サクラエディタ」をインストールします。

極端な話、「Windows」に標準で搭載している「メモ帳」でもいいのですが、プログラムの「ソース・コード」の空白の全角と半角を区別できないことが問題です。

プログラムを作るときは、「全角」と「半角」のスペースを間違えやすいですが、「サクラエディタ」では、「全角」と「半角」のスペースが分かりやすく表示されます。

大抵のプログラムの本は、メモ帳を利用することを推奨していますが、実際に利用すると不便です。

プログラム言語に利用することを想定して作られた「テキスト・エディタ」は、プログラム言語では、特別な意味をもつ「キーワード」を自動的に「色つき」で表現してくれるなど、便利に使えます。

手 順　「サクラエディタ」のインストール

[1]公式サイトの「ダウンロードページ」に行く

http://sakura-editor.sourceforge.net

[▲HOME] [掲示板] [開発掲示板]

サクラエディタ Download

Package / 拡張ツール / (履歴) / アイコン

Binary/Source/Helpは，SourceForgeのリリースシステムを使用してい
ダウンロードは SoruceForge Project Page からどうぞ．

サクラエディタ

[2]「セットアップウィザード」を開始する

ダウンロードしたファイルを実行し、「セットアップウィザード」を開始。

セットアップウィザード

[3]インストールの準備、実行

説明に従って、設定を進めます。

インストール先の指定

1-4 「clang++」コンパイルの特徴

　「Clang++」は、他のコンパイラと比較しても、不要な「エラー・メッセージ」の出力が少ないほうです。

　「コンパイラ」は、1カ所のミスに対して、しばしば複数の「エラー・メッセージ」を出力します。

　「エラー・メッセージ」も1つだけにしてほしいところですが、現在のコンパイル技術は、「Clang++」も含めて、まだ、その域に到達していません。

●「プログラム・エラー」の種類

　「プログラム・エラー」は、次の2種類に大別できます。

① 「コンパイル時」のエラー
② 「実行時」のエラー

　このうち、①は、「コンパイラ」が見つけてくれる「エラー」です。
この「エラー」は、修正しないとコンパイルできないので、「判りやすいエラー」と言えます。

　一方、②は「コンパイル」が発見できない、**「潜在的なエラー」**です。
　「実行時」にエラーを引き起こすコードがあっても、「コンパイル時」に発見できないので、問題を抱えた「実行ファイル」が生成されます。
　そのまま、「実行」すると、どこかのタイミングで「エラー」が発生し、プログラムが**「強制終了」**してしまう場合もあります。

　「強制終了」の場合は、ハード的な問題もあります。
　Windows10では、メモリーに基本的に8Gが必要ですが、パソコンでは、4Gのままで販売されている場合があります。
　「ワード」は、動作しますが、コンパイルでは、無理な場合があります。

　実は、「C言語」や「C++」は、他のプログラム言語と比較して、この②の「エラー」を生み出しやすい文法をもっています。

このタイプのエラーの修正は、なかなか困難です。

「コンパイラ」が「エラーの場所」を教えてくれるわけではないので、自分で探さなければなりません。慣れや経験が必要です。

●「静的解析ツール」

このような場所で便利なのが、「clang」に付属する「静的解析ツール」です。

このツールを利用すると、プログラムを実行することもなく、「ソース・コード」を解析して、コンパイラーが検出できない潜在的なエラーを検知してくれます。

もっとも、「静的解析ツール」も完璧ではありませんが、私が利用した範囲では、ミスは、ありませんでした。

●「静的解析ツール」を利用してみる

実際に「clang++」の「静的解析ツール」を利用して、「ソース・コード」に潜む問題点を検証してみます。

次に示すのは、「実験用プログラム」の「analyze.cpp」です。

プログラム1-1　実験用プログラム

```
//analyze.cpp
#include <iostream>
using namespace std;
int add(int a, int b) {return a+b;}
 int main()
 {
    int array[2];
  int val = add(array[0], array[1]);
  //
  printf(" val = %d ¥n" , val);
  cout << "   hello world ¥n";

 return 0;
 }
```

これを実行してみると、

プログラム1-1　実行後

```
c:¥gcc>clang++ -o analyze.exe analyze.cpp

c:¥gcc>analyze.exe
 val = 8
    helloworld

c:¥gcc>
```

なんの「エラー」もなく、コンパイルも通ります。
しかし、実際には、**問題**があります。

配列「array」は、「ローカル変数」なのに「初期化」されていません。
array[0]やarray[1]がどのような値になるのかが、不明です。

「変数」を自動的に「0」で初期化するプログラム言語もありますが、「C言語」
では、「ローカル変数」は、自動的には、初期化されません。

「初期化のし忘れ」は、「文法的なエラー」ではないので、「コンパイラ」は指摘
してくれません。

●「静的解析ツール」で検証
では、次に「静的解析ツール」で検証してみます。
「clang++コマンド」に「--analyze」オプションを付けて、実行します。

```
c:¥gcc>clang++ --analyze analyze.cpp
analyze.cpp:8:13 warning: 1st function call argument is an uninitialized value
    int val = add[array[0],array[1]];

1 warning generated.

c:¥gcc>
```

「--analyze」オプション実行後

すると、「関数の引数が初期化されない」とも、問題点として指摘してくれます。

第2章

「C++言語の世界」に招待

> プログラムに必要なものを手に入れたら、いよいよ実際に書いていきます。
>
> この章では、「C ++言語」に必要な基礎知識を紹介します。

2-1 最初のプログラム

最初に「C++言語」のプログラム例として、「pro1_1.cpp」を例示します。

プログラム2-1　最初のプログラム例

```cpp
//pro1_1.cpp
#include <iostream>
using namespace std;
 int main()
 {

  cout << "hello world\n";

 return 0;
 }
```

通常、「C++」の簡単なプログラムは、次のような形式で書きます。

```cpp
#include<iostream>
  int main( )
{
    処理手続きの記述
  return 0;
}
```

プログラム説明

●注釈

最初の行に書いてある、

```
//pro1_1.cpp
```

は、「注釈文」です。

「//」で始まる文は、プログラム作成者の覚え書きで、実行時には無視されます。

●インクルード

その次の、

```
#include<iostream>
```

は、**入出力の関数**である「cin」や「cout」を使うための準備です。

●#印は、プリプロセッサの記号

行の先頭に「#」印を付ける書き方は、「**プリプロセッサ**」と言います。

実行前に(正確には「コンパイルの前」に)処理するべき作業を指示します。

よく使うものとしては、

```
#include<isotream>
```

と書いておくと、「isotream」という名前のファイルに書かれている内容が読み込まれて、その位置(#includeがあったところ)に挿入されます。

「C++」を快適に使うためには、プログラムの名人が作ってくれた便利な道具を組み込む

とよいのですが、そのために、

```
#include<ファイル名>
```

の形が用いられていきます。

●メイン・プログラム

「メイン(主)・プログラム」というのは、起動したときに最初に実行されるプログラムです。ここから、いろいろな「**副プログラム**」を呼び出して計算を進めていくのが、普通です。

「メイン・プログラム」には、必ず「main」という名前を付けます。

「C」や「C++」では、この「main」を、形式的に「関数」の一種として扱っています。

「平方根」や「三角関数」の値もありませんが、関数と同じ規則で書く決まりになっています。

記号「{」と「}」は、「始まり」と「終わり」を表わしています。

実行は、「{」に始まり、「}」で、終わります。

●文の終わりには「;」印を付ける

プログラムは、「文」もいくつも(実行するべき順に)並べて記述していきます。

1つ1つの「文」の末尾には、必ず「;」(セミコロン)をつけます。

●出力

「cout」は、出力をしてくれる「受付窓」です。

出力したいデータを受け付け窓口に提出すると、「cout」がそれを受け取って、画面に表示してくれます。

●文字列を出力する方法

```
cout  <<  "出力すべき文字列";
```

●変数の値を出力する方法

```
cout  <<  変数名 ;
```

●「¥」印は、特殊記号を表わす。

「pro1_1.Cpp」の文字列の後に付いている「¥n」は、改行の記号です。

この記号を付けなくてもたいていは、表示してくれますが、処理系によって「¥n」を付けないと表示してくれない場合があります。

文末には、必ず「¥n」を書く習慣をつけましょう。

●文字定数

文字列は、2重引用符「"」で囲みます。

これを忘れると、「変数名」や「命令語」などと誤解されて、大量の「エラー・メッセージ」が出るでしょう。

2-2　　　整数の計算

"「変数i」の内容と「変数j」の内容を加算して、「変数k」に代入する"という内容の計算を行ないます。

プログラム2-2　整数の計算

```
//pro1_2.cpp
#include <iostream>
using namespace std;
int main()
{
 int i,j,k;
      cout << "i=";
      cin >> i ;
      cout << "j=";
      cin >> j;
      k=i+j;

      cout << "k=" << k << "\n";


return 0;
}
```

プログラム2-2　実行後

```
c:\gcc>clang++ --analyze  pro1_2.cpp

c:\gcc>clang++ -o pro1_2.exe pro1_2.cpp

c:\gcc>pro1_2.exe
i=2
j=3
k=5
```

アナライズしても警告が表示されないので、コンパイルします。

　本書では、まず「**アナライズ**」してから、「**コンパイル**」することにします。
　他のC++言語の本と違いますが、アナライズ機能があるので、
利用することにします。

プログラム説明
●整数型変数の宣言
　メイン・プログラム本文の最初にある。

```
int i, j, k;
```

は、「**変数i,j,kは、整数型です**」という宣言です。

　「整数型」というのは、「整数」の計算をするための「数値表現形式」です。

　「整数型」は、扱うことができる桁数が意外と少ないので、注意してください。
　普通は「8桁」ぐらいまで対応していますが、5桁ぐらいしか扱えない下位規
格に対応しているC++言語もあります。

●入力促進メッセージ
7行目の、

```
cout << "i=";
```

は、「入力促進メッセージ(プロンプト)」を表示するためです。

　もっと丁重に、

```
cout << "iの値を入力=";
```

としてもいいでしょう。

●データ入力の書き方
　「cin」は、読み込んだデータをもらう「受け取り窓口」です。

```
cin >>i;
```

は、受け取った値を「変数i」に入れることを表わしています。

●計算と代入

11行目の「k=i+j」は、"「i+j」の値を計算し、変数kに代入する"ということを表わしています。

他のプログラム言語と同様に、C++でも、

> 計算式は「=」の右側に書く。
>
> 代入先は「=」の左側に書く。

という規則になっています。

これを、「**算術代入文**」と呼びます。

●結果の出力

最後の「cout…」は、

k= という文字列，　変数kの値，　改行の指示

を、この順に出力することを表わしています。

2-3   いろいろな計算(和差積商)

プログラム2-3　いろいろな計算

```
//pro1_3.cpp
#include <iostream>
using namespace std;
 int main()
 {
  int i,j;
      cout << "i=";
      cin >> i ;   // iを読み込む
      cout << "j=";
      cin >> j;    // jを読み込む
      cout << "i+j=" << i+j << "¥n";
      cout << "i-j=" << i-j << "¥n";
      cout << "i*J=" << i*j << "¥n";
      cout << "i/j=" << i/j << "¥n";

  return 0;
 }
```

プログラム2-3　実行後

```
c:¥gcc>clang++ --analyze  pro1_3.cpp

c:¥gcc>clang++ -o pro1_3.exe pro1_3.cpp

c:¥gcc>pro1_3.exe
i=1
j-2
i+j=3
i-j=-1
i*J=2
i/j=0
```

プログラム説明

●乗算記号

プログラムでは、乗算は記号「*」で表わします。

乗算記号の省略はできません。

```
(正)  2*a
(誤)  2a
```

```
(正)  (a+b)*(c+d)
(誤)  (a+b)(c+d)
```

●除算記号

「除算」は記号「/」で表わします。

整数型の数の割り算は、整除、つまり「答(商)が整数で表わせる所まで割る」という規則で計算されます。

●coutの右に式を書く

式の計算の結果を、変数に代入しないで、直接出力することができます。

```
cout  <<  a+b  ;
```

●変数名の付け方

「小文字」と「大文字」は「別の字」として扱われます。

慣習として、普通は「小文字」だけを使い、特別な場合だけに「大文字」を使います。

また、先頭に数字を使ってはいけません。

そのほか、使えない綴り(予約語)があります。

「字数制限」については、「事実上ない」と考えていいでしょう。

2-4 実数の計算

プログラム2-4　実数の計算

```cpp
// pro1_4.cpp
#include <iostream>
using namespace std;
 int main()
 {
   float a,b;
      cout << "a=";
      cin >> a;  // a read
      cout << "b=";
      cin >> b;  // b read
      float c=a+b;   // calc
      cout << "c=" << c << "¥n"; // c



   return 0;
 }
```

プログラム2-4　実行後

```
c:¥gcc>clang++ --analyze  pro1_4.cpp

c:¥gcc>clang++ -o pro1_4.exe pro1_4.cpp

c:¥gcc>pro1_4.exe
a=1.5
b=2.5
c=4
```

プログラム説明

●実数型変数の宣言

「メイン・プログラム」の本文の冒頭にある、

```
float  a,b;
```

は、「変数a,bは実数型である」という宣言です。

●定数の書き方

「実数型」の「定数」は、「小数点」を付けて書きます。

「非常に大きな数」や「非常に小さな数」を表わすときには、「普通の定数」の後に、

```
e    符号      指数
```

を付けます。

【例】

```
123.45e6
123.45e−6
78e9
```

●「整数型の変数」との間の型変換

「整数型」と「実数型」を混ぜて使うと、「整数型の値を実数型に変換して計算」されます。
違う型の変数に代入するときも、自動的に変換されます。

●キャスト

「型変換」を明示的に書きたい場合は、(型名)を付けて表わしています。

```
float (i)：整数型変数「i」を実数型に変換して使う場合

int (a)  ：実数型変数「a」を整数型に変換して使う場合
```

この書き方を、「キャスト」と言います。

●**単精度と倍精度**

「float」は、詳しく言うと「単精度（有効桁数約7桁）の浮動小数表現の変数」であることを表わしています。

「実数」を扱う型としては、そのほかに、

| 倍精度 | double |
| 拡張倍精度 | long double |

があります。

「C++」では「実数演算は原則として倍精度で行なう」という規則になっています。

そのため、「float」で計算しても「double」で計算しても、計算時間はあまり変化しません。

そのために、単に単精度で計算したい場合以外は、「double」を利用してください。

2-5　倍精度計算

「double」を利用した倍精度計算は、以下になります。

プログラム2-5　倍精度計算

```
// pro1_5.cpp
#include <iostream>
using namespace std;
 int main()
 {

     double a,b;
     cout << "a=";
     cin >> a;  // a read
     cout << "b=";
     cin >> b;  // b read
     double wa=a+b;    //和
     double sa=a-b;    //差
     double seki=a*b;  //積
     double syou=a/b;  //商
     cout << "wa" << wa << "¥n";
     cout << "sa" << sa << "¥n";
     cout << "seki" << seki <<  "¥n";
     cout << "syou" << syou <<  "¥n";


  return 0;
 }
```

プログラム2-5　実行後

```
c:¥gcc>clang++ --analyze  pro1_5.cpp

c:¥gcc>clang++ -o pro1_5.exe pro1_5.cpp

c:¥gcc>pro1_5.exe
a=30.0
b=24.0
wa54
seki720
syou1.25
```

2-6　　　　　　　拡張倍精度計算

プログラム 2-6　拡張倍精度計算

```cpp
// pro1_6.cpp
#include <iostream>
using namespace std;
int main()
 {

   long double a,wa,sa,seki,syou;
   const long double pi=3.14159265359L;   //円周率


      cout << "a=";
      cin >> a;  // a read
      wa=a+pi;              //和
      sa=a-pi;              //差
      seki=a*pi;            //積
      syou=a/pi;            //商
      cout << "wa=" << wa << "\n";   //表示
      cout << "sa=" << sa << "\n";
      cout << "seki=" << seki <<"\n";
      cout << "syou=" << syou <<"\n";


   return 0;
 }
```

プログラム 2-6　実行後

```
c:\gcc>clang++ --analyze  pro1_6.cpp

c:\gcc>clang++ -o pro1_6.exe pro1_6.cpp

c:\gcc>pro1_6.exe
a=10.0
wa=13.1416
sa=6.85841
seki=31.4159
syou=3.1831
```

プログラム解説

●定数を表わす「const」

「定数の型宣言」の時、前に「const」と書くと、「その変数の値は変わらない(定数である)」と解釈され、その変数には代入ができなくなります。

このプログラムでは、「円周率 π」を、そのような形で扱います。

変数を使う場合は、「C言語」では

```
#define PI 3,1416
```

のように書きましたが、「C++」では、「const」で書くのが普通です。

●多重代入

たとえば、「a+b」という計算をして、その結果を「c」にも「d」にも代入したい場合、「C」や「C++」言語では、次のように書くことができます。

```
d=c=a+b;
```

このようにすることで、

```
c=a+b; d=c;
```

とするよりも、「dにもa+bが入る」ことがよく分かって見やすくなります。

また、「レジスタ」と「メモリ」間のデータ転送の時間も節約できます。

●途中代入

式の計算の途中で「この中間結果は、後で別の計算に使うから残しておきたい」と思った場合、「C」や「C++」言語では、**「途中で休めて代入」**ということができます。

```
X=(a+b)*(a-b);
Y=(a+b)/(a-b);
```

のように書くと、(a+b)と(a-b)が2回、計算されることになりますが、

```
x=(c=a+b)*(d=a−b);
y=c/d;
```

と書くこともできます。

●インクリメント

　カウントなどの目標で「整数型の変数iの内容に1を加えたい」ということが
あります。

　他の言語だと、これを、

```
 i=i+1
```

で表わしますが、C言語やC++では、簡単に

```
 ++i
```

と書くことができます。

　こうすると、変数名「i」が1回しか現われないので、コンパイラがその解析
をする手間が省けてプログラムを書く人は楽になります。

　同様に「変数iの内容から1を引きたい」という場合は

```
 --i
```

と書きます。

●オーバー・フロー(数値のあふれ)

　計算結果が、数値の「表現できる範囲」を超えると「オーバー・フロー」という
状態になります。

　具体的には、

・**整数演算の結果が、表現できる桁数を超えた。**
・**実数演算の結果の指数部が、表現できる桁数を超えた。**

などの場合に起こります。

　また、

・**0で割った**

場合も同じ状態になります。(これを「zero divide」といって区別する処理系も
あります)

これらのうち、「整数演算のオーバー・フロー」はたいていハミ出した部分（上位の桁）を無視して計算を続けることになります。

一方、「実数演算の指数部オーバー・フロー」は、「エラー・メッセージ」が出て停止するのが普通です。

●アンダー・フロー

計算結果が小さくなりすぎて「実数型で表現できる数の小さいほうの限界」を超えると「アンダー・フロー」というエラーになります。

「アンダー・フロー」の扱いは処理系によって異なります。

普通は結果を「0」と見なして先に進みますが、「エラー・メッセージ」が出て停止する処理系もあります。

●初期値の指定

「C」や「C++」においては、「型宣言」の際に「その変数の初期値」を指定することができます。

これは、
```
型名 変数名 = 初期値;
```

【例】
```
「double s=0,0 変数sの初期値を「0」にする
```

または、
```
型名 変数名(初期値);
```

【例】
```
int k(10);   変数kの初期値を10にする
```

または、それらを列挙した形、たとえば、
```
int i=2, j=3;
int m(2), n(3);
```

のように書きます。

　初期値を指定しておけば、プログラムの実行を開始するとき、変数にその値が代入されます。

●定数を表わす修飾語const

　「型宣言」の前(左)に「const」と書いておけば、その変数の値は、書き換えることができません。

　科学的な定数は、なるべく、このようにして扱うのが安全です。

　「自然対数」を例にすると、

```
const double e=2.718281828
```

のようにします。

●複素数の計算

　「C」や「C++」には「基本的な型」としての複素数型はありません。

　しかし、「C++」には「クラス」という書き方があって、「変数の型」を自分で定義して使えるようになっています。

　大部分の処理系では、その機能を応用して、「complex」という「複素数の計算をするためのクラス」を提供しています。

　これを使えば、あたかも「複素数型」があるようにプログラムを書くことができます。

　それには、まず、プログラムの最初に、

```
#include <complex>
```

と書きます。

　複素数を代入する変数は、

```
complex 変数名;
```

【例】

```
complex a,b,c;
```

の形で宣言します。

複素数の定義は、

```
complex (実数部 , 虚数部)
```

で表わします。

【例】

```
complex (1.2,3.4) 1.2+3.4i
```

複素数でも、**演算記号**「＋－＊/」や、**代入記号**「「」( )」などは整数型や実数型と
同様に使えます。

入出力も、「整数型」や「実数型」と同様に、

```
cin >> 変数名 ;
cout << 変数名 ;
```

と書きます。

キーボードから「複素数」の値を入れるときには、
(実数部 , 虚数部)
のような形式です。

【例】

```
2+3iを入力する場合は、(2,3)と打ちます。
```

プログラム2-7　複素数の計算

```cpp
//pro1_7.cpp
#include <iostream>
#include <process.h>
#include <complex>
using namespace std;
int main(void)
{
      complex <double> c1, c2, c3;

      c1 = complex <double> (1.1 , 2.0);
      c2 = complex <double> (2.0 , 3.0);
      c3 = c1 + c2;
      cout << c1 << endl;
      cout << c2 <<  endl;
      cout << c3 <<  endl;
      return 0;
      }
```

プログラム2-7　実行後

```
c:¥gcc>clang++ --analyze  pro1_7.cpp

c:¥gcc>clang++ -o pro1_7.exe pro1_7.cpp

c:¥gcc>pro1_7.exe
(1.1,2)
(2,3)
(3.1,5)
```

第**3**章

「繰り返し」や「場合分け」の処理

ここでは、「大小の判定」「場合分け処理」「一定回数の繰り返し」「条件が満たされるまでの繰り返し」「自作の関数」──などの書き方を説明します。

制御文に関しては、C言語とほとんど同じです。
すでに「C言語」を理解している場合は、「参考」程度にしてください。

3-1　　　　　　　　　　if文

「2次方程式」（ただし　a≠0）「ax+bx+c=0」の根を求めるプログラムを作ります。

プログラム3-1　if文

```cpp
//pro2_1.cpp
#include<iostream>
#include<math.h>
using namespace std;
 int main()
 {
  double a,b,c,d,bunbo;
  double r,s;
  double x,x1,x2;
  cout <<"a=";  cin >> a;
  cout <<"b=";  cin >> b;
  cout <<"c=";  cin >> c;
      d=b*b-4.0*a*c;
      bunbo=2.0*a;
      if (d>0) {
              x1=(-b+sqrt(d))/bunbo;
              x2=(-b-sqrt(d))/bunbo;
              cout << "x1=" << x1 << endl;
              cout << "x2=" << x2 << endl ;
```

```
        } else  if (d==0.0) {
                x=(-b)/bunbo;
                cout << "x=" << x << endl;
        }
        else {
                r=(-b)/bunbo;
                s=sqrt(-d)/bunbo;
                cout <<"x1=" <<r<<'+'<<s<<"i ¥n";
                cout <<"x2=" <<r<< '-' <<s<<"i ¥n";
        }
 return 0;
 }
```

プログラム3-1　実行後

```
c:¥gcc>clang++ --analyze pro2_1.cpp

c:¥gcc>clang++ -o pro2_1.exe pro2_1.cpp

c:¥gcc>pro2_1.exe
a=2
b=-10
c=12
X1=3
X2=2

c:¥gcc>pro2_1.exe
a=3
b=-6
c=3
x=1

c:¥gcc>pro2_1.exe
a=3
b=3
c=3
X1=-0.5+0.866025i
X2=-0.5-0.866025i

c:¥gcc>
```

プログラム解説

●math.h

最初の「#include<math.h>」は、「sin」「cos」「log」などの、「数学的標準関数」を使うときの決まり文句です。

ここでは、「平方根」を計算する関数、「sqrt」を使うために入れてます。

●根の公式

「2次方程式」の「根の公式」は、

$$x = \frac{-b \pm \sqrt{b^2 - 4ac}}{2a}$$

です。

このプログラムでは、根号の中の「b-4ac」が、「正の場合」「0の場合」「負の場合」に分けて処理しています。(「負の場合」、解は「複素数」になります)

●else if

このプログラムは「elseの中にまたifが入る」という、「2段階分岐」です。

この場合、「else if」という形で書くことができます。

3-2 「if文の文法」のまとめ

「If文」で使う文法をまとめます。

●「if」と「else」

```
if （条件式）条件式が成立した場合に実行すべき文；
else 条件式が成立しなかった場合に実行すべき文；
```

「実行すべきこと」が1つの文で書けない場合は、次のように書きます。

```
 if （条件式）{
            条件式が成立した場合、実行するべきプログラム
}else {
          条件式が成立しなかった場合に実行するべきプログラム
}
```

実行すべき文の終わりには、いつでも「；」をつけます。

それらを取り囲む「{ }」の後には、「；」を付ける必要はありません。

●「等号」「不等号」の書き方

```
等しい　==
等しくない≠
```

```
大きい　>
以上　>=

小さい　<
以下　<=
```

> ※「等しい」が「=」ではなく、「==」であることに注意してください。

●多重使用

```
if(条件式)  {
          実行式
            }
else  if{
              実行式
            }
else{
          実行式
      }
```

プログラム3-1 (pro2_1.Cpp) がこの形です。

●選択代入

「if文」を使う代わりに、

```
変数名 = (条件式) ? 式1 ; 式2 ;
```

という書き方を用いることもできます。

```
条件式成立の場合は式1
条件式不成立の場合は式2
```

が実行されます。

たとえば、

```
c=(a>b) ? a; b;
```

と書けば、

```
a>b  ならば  c=a
a<=b  ならば  c=b
```

となり、「a」と「b」の内、大きい方が「c」に代入されます。

3-3 while文

プログラム3-2　while文

```cpp
//pro2_2.cpp
#include<iostream>

using namespace std;
 int main()
 {
 int i=1,s=0;
     while(i<=10) {
             s=s+i; //s+=i
             i=i+1; //++i
     }
     cout << "s=" << s << '¥n';


 return 0;
 }
```

プログラム3-2　実行後

```
c:¥gcc>clang++ --analyze pro2_2.cpp

c:¥gcc>clang++ -o pro2_2.exe pro2_2.cpp

c:¥gcc>pro2_2.exe
s=55
```

プログラム解説

●while

繰り返しには、while 文を使います。

書き方は、

```
while(条件式)　くりかえし実行すべき文;
```

または、

```
while(条件式)　{
              繰り返し実行すべきプログラム
                }
```

　これで、条件式が成立している限り{　}内が繰り返し実行されます。

　条件式が不成立になると反復を終了して次の文に進みます。

●複合記号

　複合記号「+=」と「++」は、「C」や「C++」独自の書き方です。

　「+=」は、「右辺の値を左辺の変数に加え込む」、「++」は「その右の変数の値を1つ増やす」ことを表わしています。

●S

　「S」は、「部分和を入れる場所」として使用します。

　最初は、そこに「0」を代入しておきます。

　最初は「i=1」ですが、反復のたびに1が加わるので「1,2,3,…」と10まで変化します。

　「i=10」になったときは、まだ「i<=10」なので{　}が実行されます。

　その次の判定で「no」になって出力に進みます。

3-4　for文

プログラム3-3　for文

```cpp
//pro2_3.cpp
#include<iostream>

using namespace std;
 int main()
{
 int s=0;
      for (int i=1; i<=10; ++i){
              s+=i;
      };
      cout << s << '¥n';
 return 0;
 }
```

プログラム3-3　実行後

```
c:¥gcc>^Z
c:¥gcc>clang++ --analyze pro2_3.cpp

c:¥gcc>clang++ -o pro2_3.exe pro2_3.cpp

c:¥gcc>pro2_2.exe
55
```

プログラム解説

●for

「C++」言語のfor文の書き方は、

```
for(初期設定 ； 反復条件 ； 変更処理)
     繰り返し実行すべき文；
```

または

```
    for (初期設定 ；反復条件 ；変更処理) {
            くりかえし実行すべき文；
}
```

です。

　「for文」を実行すると、まず「初期設定」の部分が実行され、次に「反復条件」がチェックされます。

　「ok」となれば「繰り返し実行すべきプログラム」が実行され、そのあとで、「変更処理」がなされて、「反復条件のチェック」に戻ります。

【例1】
「i」を「0,1,2,3,4,5」の順に実行

```
for(i=0;i<=5;++i)
```

【例2】
「x」を「1」から「64」まで毎回2倍しながら反復

```
for(x=1.0; x<=64.0; x＊2.0)
```

　「初期設定」とは、ループに入る直前に実行する準備作業のこと。
普通は、ここで「制御変数」に初期値を代入します。

　「反復条件」は、反復を続行する条件のこと。
この条件は「while文」と同様に毎回の反復の冒頭でチェックされます。
条件が**満たされなければ**反復を打ち切ります。

　「変更式」は、次の回に移る前に「制御変数」の値などを更新する式です。
普通は、カウントのために「制御変数」を加減します。

　「初期設定」や「変更式」に2つ以上の文を書きたい場合は、コンマで区切って列挙します。

【例3】
iは5,4,3,2,1の順に
jは1,2,3,4,5の順に変えて実行したい場合

```
for(i=5,j=1;i>0：－－i,++j)
```

3-5 switch文

「switch文」は、一度にたくさんの道に分岐する、文字通りの「スイッチ」です。

プログラム3-4　switch文

```cpp
//pro2_4.cpp
#include<iostream>

using namespace std;
 int main(void)
{
  int i=2;
      switch(i)
      {
      case 1:
              printf("I'm in case 1 ¥n");
              break;
      case 2:
              printf("I'm in case 2 ¥n");
              break;
      case 3:
              printf("I'm in case 3 ¥n");
              break;

      case 4:
              printf("I'm in case 4 ¥n");
              break;

      default:
              printf("I'm in default ¥n");
      }
      return 0;
}
```

プログラム3-4　実行後

```
c:¥gcc>clang++ --analyze pro2_4.cpp

c:¥gcc>clang++ -o pro2_4.exe pro2_4.cpp

c:¥gcc>pro2_4.exe
I'm in case 2

c:¥gcc>
```

```
switch 文(式){
  case  定数式1  ;
```

　ここも、文をいくつも書けます。

　普通は最後に「break;」を書きます。

```
case  定数式2      ;
```

　以下同様にいくつものケースの処理を列記します。

```
default：
```

　上のどれにも該当しない場合に実行すべきプログラムを入れます。

第4章

「配列」と「文字列データ」の扱い方

この章では、「配列」と「文字データ」の使い方について説明します。

配列は、「数表」「統計データ」「帳票」「数列」「行列」「ベクトル」などの計算のために必要になります。

一方、「文字データ」は、たとえば「氏名」「住所データ」「品名」などを扱うのに必要です。繰り返し」「自作の関数」——などの書き方を説明します。

4-1　　表の使い方

「表」のことを、パソコン用語では「配列」といいます。正確にいえば、

「同じ型のデータ」を、「添え字をつけて」「一列または四角（多次元の直方体）に並べたもの」を、「配列」と言います。

●「添え字」付き変数

配列の個々の要素（成分）を指示するには、配列名の後に [　] で囲んで添え字を付けて表わしています。

「C++」の「添え字」は、「0番」から始まります。

```
C++の書き方：a[0]a[1]　a[2]・・・・a[n]
```

注意を要するのは、2つ以上の添え字を付ける場合で、

2次元配列の場合は、

```
配列名　[第1添字][第2添字]
```

3次元配列の場合は、

```
配列名　[第1添字][第2添字][第3添字]
```

の形式で書きます。

```
【例】

           第0列         第1列         第2列
第0行      a[0][0]      a[0][1]      a[0][2]
第1行      a[1][0]      a[1][1]      a[1][2]
第2行      a[2][0]      a[2][1]      a[2][2]
第3行      a[3][0]      a[3][1]      a[3][2]
```

●「添字部分」には「式」も書ける

[ ]の中には、「変数」や「式」を書くことができます。

```
【例】
A[i]=b[i+1]+c[i＊j-k];
```

●配列の宣言

　配列を使用する場合は、プログラムの冒頭配列で宣言をしておく必要があります。

　書き方は、

・1次元配列の場合

```
型名　配列名　[要素の個数]
```

```
【例】
float  a[10];
```

・2次元配列の場合：

```
型名　配列名[行列][列数]
```

```
【例】
float  a[10][10];
```

・3次元配列の場合：

> 型名　配列名 [語数] [語数] [語数] ;

【例】
float　a[10][10][10];

　「同じ型」の「配列」は、1つの行にコンマで区切ってまとめて宣言しても大丈夫です。

【例】
　int　b[29],c[60],d[51]

> ※C++の場合は、添え字は、0番から始まります。
> 　そのため、使用できる添え字の上限は、宣言した「個数」の1つ手前までです。
> 　「option base 1」として、この規則を変更できる処理系もあります。
> 　これで、添え字は、1番から始まります。原則、最初の行に記述するのが規則です。

＊
では、「一般の場合」について説明します。

　int　b[100];

と宣言した場合、使用できるのは

b[0],b[1],」……,b[99]

の100個までで、b[100]は利用できません。

　もし、b[100]まで使いたい場合は、

　int　b[101];

のように宣言する必要があります。

　普通は、配列の宣言の[　]の中には「使用したい添字の上限プラス1」を書くわけです。

配列宣言の中で、初期値を指定することができます。

```
型名　配列名　[寸法]={第0要素の初期値,第1要素の初期値,
                    第2要素の初期値,第3要素の初期値,
                    ……,最後の要素の初期値};
```

```
【例】
float a[3]={3.6,0.8,7.9,2.8};
```

4-2　1次元配列

「1次元配列」の「標準偏差」を例として、考えます。

●「標準偏差」を求める

プログラム4-1　1次元配列

```cpp
//pro3_1.cpp
#include<iostream>
#include<math.h>
#include<process.h>
using namespace std;
 int main(void)
{
 const int N=100;      //配列の寸法
 const char CR='\n'; //改行記号
 int i,n;
 double w;              //作業場所
 double a[N];           //データ
// データの読み込み
cout << "n=";    cin >> n;
     if (n>N) {
             cout << "memory over \n";
             exit(1);
     }
     for (i=0; i<n; ++i) {
             cout << "a[" << i << "]=";
             cin >> a[i];
     }
     //平均値の計算
```

```
    double s=0.0;
    for (i=0; i<n; ++i){
            s+=a[i];
    }
    double heikin=s/n;
    cout <<"heikin=" << heikin << CR;
    //分散の計算
    double ss=0.0;
    for (i=0;i<n; ++i)  {
            w=a[i]-heikin;
            ss+=w*w;
    }
    double bunsan=ss/double(n);
    cout << "bunsan=" << bunsan << CR;
    // 標準偏差の計算
    double sigma=sqrt(bunsan);
    cout << "sigma=" << sigma << CR;

    return 0;
}
```

プログラム4-1　実行後

```
c:¥gcc>clang++ --analyze pro3_1.cpp

c:¥gcc>clang++ -o pro3_1.exe pro3_1.cpp

c:¥gcc>pro3_1.exe
a[0]=1.23
a[1]=4.56
a[2]=7.89
heikin=4.56
bunsan=7.3926
sigma=2.71893
```

このプログラムの計算式は、

```
S=Σai

（平均値）=S/n

SS=Σ（a−平均値）

（分散）=SS/n

（標準偏差）=√（分散）
```

です。

　記号「+=」の意味は、「右辺の値を左辺の変数に加え込む」ということです。

●「バブル・ソート」（交換法）
　勝手な順位で入力されたデータを、「番号順位」「成績順」など大きさの順にならびかえることを「ソート」（整列）といいます。

　「ソート」の方法はいろいろありますが、最も簡単なのは、「バブル・ソート」（交換法）です。

　隣り合った2つのデータを比較し、正しい順序ならば、そのままにしておく。逆順になっていれば入れ替える…という操作を、先頭から最後まで、何度も何度も繰り返します。

　局所的な修正をするだけなら、1度や2度では完全にならないでしょうが、最悪の場合でも「n-1」（nはデータの個数）繰り返すことで、正しい順番になります。

プログラム4-2 「バブル・ソート」

```
//pro3_3.cpp
#include<iostream>
#include<math.h>
#include<process.h>
using namespace std;
 int main(void)
{
     const int N=100;
     int    i,j,m,n;
     float a[N],w;
     //データの読み込み
     cout << "n="; cin >> n;
     if (n>=N) {
             cout << "memory over ";
             exit(1);
     }
     for(i=0; i<n; ++i) {
             cout << "a[" << i << "]=";
             cin >> a[i];
     }
     //ソート
     for (m=n-1; i>=0; --i){
             for (j=0; j<m; ++j){
                     if (a[j]>a[j+1]) {
                             w=a[j];
                     a[j]=a[j+1];
                     a[j+1]=w;
                     }
             }
     }

     //結果の表示
     for (i=0; i<n; ++i) cout << a[i] << '\n';

}
```

プログラム4-2 実行後

```
c:¥>cd gcc

c:¥gcc>clang++ --analyze pro3_3.cpp
pro3_3.cpp:24:12: warning: The left operand of '>' is a garbage value
if (a[j]>a[i+1]) {

1 warning generated.

c:¥gcc>clang++ -o pro3_3.exe pro3_3.cpp

c:¥gcc>pro3_3.exe
n=5
a[0]=12
a[1]=7
a[2]=5
a[3]=2
a[4]=3
2
3
5
7
12
```

アナライズで出た警告は、まだ値を代入していないので、問題ありません。

●ガウスの消去法

「ガウスの消去法」は、「連立方程式を解くアルゴリズム」です。

ガウスという、有名な数学者の名前を冠しているので、難しいアルゴリズムのように思われるかもしれませんが、いちばん、信頼性のあるアルゴリズムです。

私も、「有限要素法」のプログラムで、このアルゴリズムを利用しています。

ある大学では、「共役勾配法」を利用してますが、「ガウスの消去法」の方が信頼性があります。

さすが、ガウスですね。

　ここでは、例として、以下に示した「3元連立方程式」(変数が3つある連立方程式)をガウスの消去法で解く手順を説明していきます。

　変数が3つの場合は、方程式が3つあれば、解を求めることができます。

＊

　次の方程式には、「x、y、z」という3つの変数があります。

```
2x+3y-4z=-4    …(1)
3x-5y+3z=2     …(2)
-4x+9y-2z=8    …(3)
```

方程式の左辺にある係数(変数に掛けられた数字)と右辺の値を抜き出して、2次元配列を作ります。

　この2次元配列の内容を叙叙に変形して連立方程式を解いていくのです。

表1　「3元連立方程式」を表わす「2次元配列」

2	3	-4	-4
3	-5	3	2
-4	9	-2	8

(左辺の対角線の要素を1にして、残りを0にします)

　ガウスの消去法の手順は、大きく**2段階**に分けられます。

　第1段階、方程式の左辺を表わしている「3行×3列」の対角線にある要素(配列では左上から(2,-5,-2)をすべて1にして、それより左下の部分が0となるように配列を変形します。

　そのためには、連立方程式の**式(1)**の両辺を2で割ってxの変数を1にして、それを基に**式(2)**と**式(3)**からxの項をなくします。

　「x」の項がなくなったことは、「x」の係数を「0」とすることで表わしています。

　同様にして、**式(2)**とyの係数を「1」にして、それを基に**式(3)**からyの項をなくします。

前に向かって（式の順番では上から下に向かって）項を消去していくので、この手順を「**前進消去**」と呼びます。

「前進消去」が完了したら、**第2段階**として、「3行×3列」の対角線の右上にある3つの要素が「0」になるように配列を変形します。

表2　前進消去が完了した状態

1	3／2	−2	−2
0	1	−18／19	−16／19
0	0	1	3

式(3) の、「x」と「y」の係数は「0」。
「z=0」となり、「z=3」が確定しています。

このzの値を式(2)に代入して、「y=2」が確定。
さらに、zとyの値を(1)に代入して、「x=1」が確定します。

後ろ向きに代入するので、この手順を「**後退代入**」と呼びます。
後退代入が完了すると、配列の右端の値が「解」となります。

プログラム4-3　ガウスの消去法

```cpp
//pro3_4.cpp
#include<iostream>
#include<math.h>
#include<process.h>
# define NUM 3 //変数の数
using namespace std;
int main(void){
 int i,j,k;
 double d,e;
     double a[NUM][NUM+1]={{2,3,-4,-4},{3,-5,3,2},{-4,9,-2,8}};
//前進消去
     for (i=0; i< NUM; i++) {
         //係数を1にする
         d=a[i][i];
         for (j=0; j<NUM+1 ; j++){
             a[i][j] /=d;
```

```
        }
        //項を消去する
        for (k=i+1; k<NUM ; k++) {
                e=a[k][i];
                for(j=0; j<NUM+1;j++) {
                        a[k][j]-= a[i][j] * e;
                }
        }
}
//後退代入
for (j=NUM-1; j>0; j--) {
        for(i=j-1;i>=0; i--) {
                a[i][NUM]-= a[i][j]*a[j][NUM];
        }
}
//解を表示する
printf("x= %lf¥n", a[0][NUM]);
printf("y= %lf¥n", a[1][NUM]);
printf("z= %lf¥n", a[2][NUM]);
return 0;

}
```

プログラム4-3　実行後

```
c:¥gcc>clang++ --analyze pro3_4.cpp

c:¥gcc>clang++ -o pro3_4.exe pro3_4.cpp

c:¥gcc>pro3_4.exe
x= 1.000000
y= 2.000000
z= 3.000000
```

●ガウスの消去法(その2)

プログラム4-3の「改良版」です。

プログラム4-4　ガウスの消去法2

```
//pro3_5.cpp
#include<iostream>
#include<math.h>
#include<process.h>
```

```cpp
using namespace std;

int main(void)
 {
        const int NN=20;
        int i,j,k,n;
        double a[NN][NN]; //係数行列
        double b[NN]; //定数項
        double x[NN]; //解ベクトル
        double p,q,r,s; //作業場所
        //入力
        cout << "n=";
        cin >> n;
        if (n>=NN) {
                cout << "memory over";
                exit(1);
        }
        for(i=1; i<=n; ++i) {
                for(j=1; j<=n ; ++j) {
                        cout << "a(" << i <<"," << j << ")=";
                        cin  >> a[i][j];
                }
                cout<< "b(" << i << ")=";
                cin >> b[i];
        }
        //消去法の計算
        for (k=1; k<=n-1; ++k) {
                p=a[k][k];
                for (j=k+1; j<=n; ++j){
                        a[k][j]/=p;
                }


                        b[k]/=p;
                        for (i=k+1; i<=n ; ++i){
                                q=a[i][k];
                                for(j=k+1 ; j<=n ; ++j){
                                        a[i][j]-=q*a[k][j];
                                }
                                b[i]-=q*b[k];
                        }
                }
                x[n]=b[n]/a[n][n];
                for (k=n-1; k>=1; --k) {
```

⤴

```
                          s=0.0;
                          for (j=k+1 ; j<=n ;++j) {
                                  s+=a[k][j]*x[j];
                          }
                          x[k]=b[k]-s;
                  }
                  //出力
                  cout << "\n out\n";
                  for(i=1; i<=n ; ++i)
                  {
                          cout << "x(" << i << ")=" <<  x[i]  <<'\n';
          }
        cout << "end \n";

      return 0;
        }
```

プログラム4-4 実行後

```
c:\gcc>clang++ -o pro3_5.exe pro3_5.cpp

c:\gcc>pro3_5.exe
n=3
a(1,1)=2
a(1,2)=4
a(1,3)=6
b(1)=6
a(2,1)=3
a(2,2)=8
a(2,3)=7
b(2)=15
a(3,1)=5
a(3,2)=7
a(3,3)=21
b(3)=24

out
x(1)=-33
x(2)=9
x(3)=6
end
```

4-3　　文字型

　「文字データ」を扱う基本的な型は、「文字型」です。

　「文字型」は、1つの文字を表わして
います。

●宣言の書き方

```
char　変数名；
```

```
【例】　char　moji；
```

●定数の書き方

　単引用符「'」で囲む

```
【例】
'A'
```

●入出力の書き方

```
入力　cin >>文字型変数名；
```

```
【例】
cin >>a：
cout <<a；
```

●条件式の書き方

　等号==は、「文字の一致」の意味で利用できます。

```
【例】
if (moji=='A')
printf("ok ¥n")
```

　不等号「<」や「>」を用いることもできます。

　その場合は、大小は

```
A<B<C<……<Z
A<b<c<……<z
ア<イ<ウ<……<ン
0<1<2<……<9
```

　となります。

この文字表示を一覧表にしてみます。

「32～127番」のASCIIコード（16進、10進、キャラクタ）を表示します。
なお、「0～31番」は画面に表示できない文字なので、表示しません。

プログラム4-5 「ASCIIコード表」の表示

```
//pro3_6.cpp
#include<iostream>
#include<math.h>
#include<process.h>
using namespace std;
int main(void)
{
 int x, y;   //ループカウンター
     char c;    //キャラクター番号
     for(x=2; x< 8; x++)
//     printf("16:10:c    |");   //最上行の表示
//     printf("¥n");
     for (x =2 ; x<8 ; x++)   // 2行目の表示
             printf("---------");
     printf("¥n");

     for (y=0 ; y<16 ;y++)
     {
             for(y=0; y <16; y++)
             {
                     for(x=2; x < 8; x++)
                     {
                             c= x*16+y;
                             printf("%2x:%3d:%c | ", c, c, c);
                     }
                     printf("¥n");
             }


     }

     return 0;

}
```

プログラム4-5　実行後

```
c:\gcc>clang++ --analyze pro3_6.cpp

c:\gcc>clang++ -o pro3_6.exe pro3_6.cpp

c:\gcc>pro3_6.exe
----------------------------------------
20 : 32 :   | 30 : 48 : 0 | 40 : 64 : @ | 50 : 80 : P | 60 : 96 : ` | 70 : 112 : p |
21 : 33 : ! | 31 : 49 : 1 | 41 : 65 : A | 51 : 81 : Q | 61 : 97 : a | 71 : 113 : q |
22 : 34 : " | 32 : 50 : 2 | 42 : 66 : B | 52 : 82 : R | 62 : 98 : b | 72 : 114 : r |
23 : 35 : # | 33 : 51 : 3 | 43 : 67 : C | 53 : 83 : S | 63 : 99 : c | 73 : 115 : s |
24 : 36 : $ | 34 : 52 : 4 | 44 : 68 : D | 54 : 84 : T | 64 : 100 : d | 74 : 116 : t |
25 : 37 : % | 35 : 53 : 5 | 45 : 69 : E | 55 : 85 : U | 65 : 101 : e | 75 : 117 : u |
26 : 38 : & | 36 : 54 : 6 | 46 : 70 : F | 56 : 86 : V | 66 : 102 : f | 76 : 118 : v |
27 : 39 : ' | 37 : 55 : 7 | 47 : 71 : G | 57 : 87 : W | 67 : 103 : g | 77 : 119 : w |
28 : 40 : ( | 38 : 56 : 8 | 48 : 72 : H | 58 : 88 : X | 68 : 104 : h | 78 : 120 : x |
29 : 41 : ) | 39 : 57 : 9 | 49 : 73 : I | 59 : 89 : Y | 69 : 105 : I | 79 : 121 : y |
2a : 42 : * | 3a : 58 : : | 4a : 74 : J | 5a : 90 : Z | 6a : 106 : j | 7a : 122 : z |
2b : 43 : + | 3b : 59 : ; | 4b : 75 : K | 5b : 91 : [ | 6b : 107 : k | 7b : 123 : { |
2c : 44 : , | 3c : 60 : < | 4c : 76 : L | 5c : 92 : \ | 6c : 108 : l | 7c : 124 : | |
2d : 45 : - | 3d : 61 : = | 4d : 77 : M | 5d : 93 : ] | 6d : 109 : m | 7d : 125 : } |
2e : 46 : . | 3e : 62 : > | 4e : 78 : N | 5e : 94 : ^ | 6e : 110 : n | 7e : 126 : ~ |
2f : 47 : / | 3f : 63 : ? | 4f : 79 : O | 5f : 95 : _ | 6f : 111 : o | 7f : 127 : |
```

●文字の表わし方

　パソコンの内部では、文字は、普通、「0～255番号（符号）」で表われています。
文字と番号の対応は、標準期間が決まっています。

　パソコンなどでは、たいてい「JIS（ASCII）コード」が使われ、大型計算機では、
「EBCDICコード」が使われます。

　参考のためにJISコードの表の主部分をプログラム4-5に示しています。

　「0～31」は制御用コードで、

　「0」　「文字列の終わり」の印（C、C++、UNIXの場合）

　「11」　tab（一定位置までのスキップ）

　「12」　画面クリア、または「次のページに進む」

　「13」　改行

を表わしています。

　漢字の体系は、これとはまったく別で、英数字の2文字ぶんの長さを使用して表わしています。

プログラム4-6　物理演算子

```
//pro3_7.cpp
#include<iostream>
#include<math.h>
#include<process.h>
using namespace std;
int main(void)
{
char moji;
      cout << "input= ¥n";
      cin >> moji;
      if ((moji='A') && (moji='Z'))
      cout << "big character¥n";
      else
      cout << "not big character ¥n";


return 0;

 }
```

プログラム4-6　実行後

```
c:¥gcc>clang++ --analyze pro3_7.cpp

c:¥gcc>clang++ -o pro3_7.exe pro3_7.cpp

c:¥gcc>pro3_7.exe
input=
A
big character
```

「&&」は、「論理演算子」です。
論理演算子は、次のように定義します。

「かつ」は「&&」
「また」は「||」
「否定」は「!」

【例】
!((i+j) >2 　「i+j」が「2」より大きくない。

(m==0) && (n==0) 　「m」「n」がともに「0」である。

(a<=1) 　|| 　(a>=3) 　1以下、または、3以上。

●「文字型」と「整数型」の関係
　CとC++言語では、「文字型」と「整数型」がほとんど区別なく扱われます。

　すなわち、「文字データ」と、それを表わす「整数」は、どちらにでも自由に解釈して処理することができます。
　たとえば、(JISコードの場合)

Aのコードは、「65」
Bのコードは、「66」

ですから、

`'A'+1`

は、

`65+1`

と同じことになります。

　したがって、その答は、

数値として解釈すれば　「66」
文字として解釈すれば　'B'

となります。

プログラム4-7 「文字型」と「数列型」

```cpp
//pro3_8.cpp
#include<iostream>
#include<math.h>
#include<process.h>
using namespace std;
int main(void)
{
        cout << char('A'+1);

return 0;

 }
```

プログラム4-7 実行後

```
c:¥gcc>clang++ --analyze pro3_8.cpp
clang++.exe: error:unsupported option '--analyze'

c:¥gcc>clang++ --analyze pro3_8.cpp

c:¥gcc>clang++ -o pro3_8.exe pro3_8.cpp

c:¥gcc>pro3_8.exe
B
```

「B」と表示されました。

「文字型」は、「整数型と同じ扱い」なので、「for文の制御変数」として使うことができます。

これを利用して、「A～Z」「a～z」「ア～ン」「0～9」の文字を、全部表示してみます。

プログラム4-8　文字の表示

```cpp
//pro3_9.cpp
#include<iostream>
#include<math.h>
#include<process.h>
using namespace std;
int main(void)
{
 char a;
	for (a='a'; a<='z'; ++a) cout << a;
	cout << '¥n';
	for (a='A'; a<='Z'; ++a) cout << a;
	cout << '¥n';
	for ( a='ｱ'; a<='ﾝ'; ++a) cout << a;
	cout << '¥n';
	for (a='0'; a<='9'; ++a) cout << a;
	cout << '¥n';

return 0;

 }
```

プログラム4-8　実行後

```
c:¥gcc>clang++ -o pro3_9.exe pro3_9.cpp

c:¥gcc>pro3_9.exe pro3_9.cpp

pro3_9.cpp:13:10: warning: illegal character encoding in character literal
    [-Winvalid-source-encoding]
    for ( a='<B1>'; a<='<DD>'; ++a) cout << a;

pro3_9.cpp:13:18: warning: illegal character encoding in character literal
    [-Winvalid-source-encoding]
    for ( a='<B1>'; a<='<DD>'; ++a) cout << a;
2 warnings generated.
C:¥gcc>pro3_9.exe
abcdefghijklmnopqrstuvwxyz
ABCDEFGHIJKLMNOPQRSTUVWXYZ
ｱｲｳｴｵｶｷｸｹｺｻｼｽｾｿﾀﾁﾂﾃﾄﾅﾆﾇﾈﾉﾊﾋﾌﾍﾎﾏﾐﾑﾒﾓﾔﾕﾖﾗﾘﾙﾚﾛﾜﾝ
0123456789
```

　13行目に警告が出ますが、これは「clang++」の日本語認識に問題があるためです。

実行は、うまく行きます。

*

「文字列」の終わりには、必ず「終端コード」(番号0)が付いているので、それがくるまで「while (a[i] !=0)」で反復します。

4-4 文字列の代入と比較

一般に、「a」「b」を配列の名前とするとき

```
a=b;
```

によって、配列「b」の内容を配列「a」に代入したり、

```
a<b
a>b
```

などで配列「a」と「b」の文字列を比較したりすることはできません。

「文字列」は、「文字型の配列」ですから、全体としての代入や比較はできません。

*

「文字列」を代入するためには、次のようにします。

```
for(i=0;  b[i]  !=0;  ++i)

a[i]=b[i];
```

というように、1字ずつ転記する必要があります。

また、「比較」も、先頭から1文字ずつ比較しなければなりません。

しかし、「代入」や「比較」というような基本的な操作を、いちいち「for文」を利用して書くのは面倒です。

そこで、「C」や「C++言語」の処理系では、文字列の代入と比較のために、関数を用意してあります。

これらの関数を利用する際には、

```
#include<string.h>
```

が必要です。

代入　strcpy（代入先 , 代入元）;

「代入文」と同様、「代入先を先に書く」ことに注意してください。

比較　strcmp（文字列1 , 文字列2）;

「文字列1」のほうが小さければ「負」になり、大きければ「正」に、等しければ「0」になります。

まず、「代入のプログラム」を示します。

プログラム4-9　代入のプログラム

```cpp
//pro3_12.cpp
#include <iostream>
#include <math.h>
#include <process.h>
#include <string.h>
using namespace std;
int main(void)
{
 char a[100],b[100];
        cout << "input \n";
        cin >> a;
        cout <<"now input\n";
        cout <<"copy a to b\n";
        strcpy(b,a);
        cout << "char b\n";
        cout << b << '\n';

return 0;

 }
```

プログラム4-9　実行後

```
c:\gcc>clang++ -o pro3_12.exe pro3_12.cpp

c:\gcc>pro3_12.exe pro3_12.cpp

pro3_12.cpp:15:16: warning: illegal character encoding in s
    [-Winvalid-source-encoding]
    cout << "char <82><82>\n";
```

```
1 warnings generated.

C:¥gcc)pro3_12.exe
input
masaaki
now input
copy a to b
char b
masaaki
```

次は、「比較のプログラム」です。

プログラム4-10　比較のプログラム

```cpp
//pro3_13.cpp
#include <iostream>
#include <math.h>
#include <process.h>
#include <string.h>
using namespace std;
int main(void)
{
  char a[100],b[100];
      int dai;
      cout << "a=";  cin >>a;
      cout << "b=";  cin >>b;
      dai= strcmp(a,b);
      if (dai<0) cout << "a<b ¥n";
      if (dai==0) cout << "a=b ¥n";
      if (dai>0)  cout << "a>b ¥n";
return 0;

 }
```

プログラム4-10　実行後

```
c:¥gcc>clang++ --analyze pro3_13.cpp

c:¥gcc>clang++ -o pro3_13.exe pro3_13.cpp

c:¥gcc>pro3_13.exe
a=oda
b=sasaki
a<b
```

4-5　「文字列」のソート

「文字列」を並び替えるプログラムを考えてみます。

「ソートの方法」としては、「バブル・ソート」を利用します。

「バブル・ソート」は、「隣合った2つを比較して、正しい順番ならば、そのままにしておいて、逆順になっていれば入れ替わる」という操作を、先頭から最後まで何度も繰り返します。

「n」をデータの個数として、「n-1回」繰り返せば、正しい順番になります。

＊

次に、「文字列の配列」をどうやって表わすことが可能か、ということが問題になります。

これは、「添え文字」を2つ付けて

```
第1添え文字列の番号
      ↓
  a[i][j]
        ↑
    第2添え文字は、文字位置
```

という方法が、よく利用されます。

そのようにすれば、

```
    cin >> a[i];
    cout << a[i];
```

によって「a[i]」の入出力を行なうことができます。

なお、ソートには、「2つの文字列の交換」が必要になりますが「stcpy」を3回利用すれば、実現できます。

プログラム4-11　文字列のソート

```cpp
//pro3_14.cpp
#include <iostream>
#include <math.h>
#include <process.h>
#include <string.h>
using namespace std;
int main(void)
{
  //ABC順に並べ換える
      const int M=10; //文字列の長さ
      const int N=30; //文字列の個数
      char a[N][M],w[M];
      int i,n,j,made;
      //入力部
      cout<<"n="; cin>>n;
      for (i=0; i<n; ++i) {
              cout<<"a["<<i<<"]=";
              cin>>a[i];
      }
      //sort
      for (made=n-2; made>=0; --made) {
              for(j=0; j<=made; ++j){
                      if(strcmp(a[j],a[j+1])>0) {
                              strcpy(w,a[j]);
                              strcpy(a[j],a[j+1]);
                              strcpy(a[j+1],w);
                      }
              }
      }
      // 結果
      cout << "\n end \n";
      for (i=0; i<n; ++i)
       cout << "a[" << i << "]="<<a[i]<<'\n';

return 0;

 }
```

プログラム4-11　実行後

```
c:¥gcc>clang++ -o pro3_14.exe pro3_14.cpp

c:¥gcc>pro3_14.exe pro3_14.cpp

pro3_14.cpp:31:14: warning: illegal character encoding in s
    [-Winvalid-source-encoding]
    cout << "¥n<8C><8B><89><CA>¥n";

1 warnings generated.

C:¥gcc)pro3_14.exe
n=3
a[0]=sasaki
a[1]-oda
a[2]=toyota

結果
a[0]=oda
a[1]-sasaki
a[2]=toyota
```

4-7　「1文字単位」の入力

　ここでは、「文字列」ではなく、「1文字単位」の入出力のための関数を紹介します。

```
    getchar(　)
```

は、「1文字読み込み」を表わし、

```
    putchar（文字型変数名)
```

によって「1文字」を「出力」することができます。

プログラム4-12　1文字単位の入力

```cpp
//pro3_15.cpp
#include <iostream>
#include <math.h>
#include <process.h>
#include <string.h>
#include <stdio.h>
using namespace std;
```

```
int main(void)
{
 int c;
 //char c=' ';
 int i=0;
 cout << "英文字列を入力\n";
 cout << "最後に英字の「.」を";
 cout << "入力ください\n";
              while(c!='.') {
                    c=getchar();
                    if (c!='a')  putchar(c);
                    }
                    return 0;
       }
```

プログラム4-12　実行後

```
c:\gcc>clang++ --analyze pro3_15.cpp
pro3_15.cpp:16:10warning The left operand of '!=' is a garbage value
        while(c!'.'){

1 warning generated.
c:\gcc>clang++ -o pro3_15.exe pro3_15.cpp
```

「getchar（　）」の使い方は、

`int  c;`

のように、「int型」で宣言した変数に

`c=getchar（　）;`

として使用します。

＊

「文字型」なのに、なぜ「int型」を使用したかというと、「ファイルの終わりに来た」という印として「getchar（　）」は、「int型」を、「EOF」（end　of　file）という、256種の文字コード以外の値を返すからです。

＊

このプログラムの先頭には、

`#include<string.h>`

があります。

「getchar（　）,putchar（　）,EOF」などを使うときは、必ず宣言します。

これは、「getchar（　）」などが、マクロとして

`「stdio.h」`

というファイルの中で定義されるからです。

第**5**章

「関数」の書き方と使い方

　長くて複雑なプログラムを書くときは、プログラム全体をいくつかの小さな部分に分けて書くのが普通です。

　この章では、そのような書き方の基礎となる、「関数」について説明します。

5-1　　　基礎的な書き方

　「関数」というものは、「何かデータを受け取り」「それについて計算して」「結果を返す」ものです。

　そのための「データの入り口」が「**引数**」で、「結果の返却口」が「**関数値**」です。

●「平方根」の計算

　「関数」の例として「sqrt(x)」を考えてみます。

　これは、「平方根」の計算をするプログラムで、呼び出されると引数「x」をもとに、その「平方根」を計算し、結果を「関数値」という形で返します。

```
2  →√  →1.41421356
```

　ここでは、まずそのような「関数」の書き方について説明します。

　「C言語」や「C++言語」においては、「fortran」などにおける「**サブルーティン**」や「**手続き**」に相当するものを、「**関数という形式で書く**」、という文法になっていきます。

「関数の定義」は、次の形式で書きます。

```
結果の型名　関数名 ( 引数とその型宣言の例 )
{
            処理する手続きの記述
            return　関数値 ;
}
```

【例】

```
    double  f(double  x,double  y)

{

    double  t;
      t=2.0*x+3.0*y;
      return  t;
}
```

「結果の型名」を省略すると、「結果は整数型」と解釈されます。
「return」の右には、その関数の値として引き渡すべき値を書きます。

関数を使う側の書き方は、普通の数式と同様に、たとえば

```
y=f(x)+g(x);
```

のように書けばよいわけですが、次の点に注意してください。

●関数の型の宣言

「使う側」でも、原則として「関数の型の宣言」が必要です。

書き方は、

```
型名　関数名 ( 引数の型の列 );
```

ただし、関数の定義を先に書き、その後、最後に、「**メイン・プログラム**」を
書くことで、「関数の型の宣言」を省略できます。

プログラム 5-1 基礎的な関数

```cpp
//pro4_1.cpp
#include <iostream>
using namespace std;

double f(double x)
{
        return 2.0*x+3.0;
}
int main(void)
{
 double x,y;
 cout << "x=";    cin >> x;
        y=f(x);
        cout << "f(x)=" << y << '¥n';
                        return 0;
        }
```

プログラム 5-1 実行後

```
c:¥gcc>clang++ --analyze pro4_1.cpp
c:¥gcc>clang++ -o pro4_1.exe pro4_1.cpp

c:¥gcc>pro4_1.exe
x=5.0
f(x)=13

c:¥gcc>
```

5-2 「引数」についての決まり

関数とは、もともと

```
y=2x+1
y=sin(x)
y=f(x)
```

のようなものです。

「引数」として「値」受け取り、それをもとに「処理」をして、「結果」を「関数値」として返す。

したがって、「引数」は、「(値)を(関数値に引き渡す)ための窓口」であり、原則として一方通行です。

*

「C言語」や「C++言語」においては、この原則通りに文法ができています。

そのため、たとえば「f(x)」という関数の中で、その仮引数に「x=5」と代入しても、「元のプログラム」(呼び出した側)の変数の値は変化しません。

「fortran言語」の場合、変数の値は変化します。

プログラム5-2　引数

```cpp
//pro4_2.cpp
#include <iostream>
using namespace std;

int f(int i)

{
 i=5;
     cout << "¥n iに5を代入 ¥n";
     return 2*i+3;
}
int main(void)
{
     int i,j;
     i=3;
     cout <<"i=" << i;
```

```
        j=f(i);
        cout << "i=" << i;


                    return 0;
        }
```

プログラム5-2　実行後

```
c:¥gcc clang++ -analyze pro4_2.coo
pro4_2.cpp:17:2: warning: Value stored to 'j' is never read
        j=f(i)

1 warning generated.

c:¥goc>clang++ -o pro4_2.exe pro4_2.cpp
pro4_2.cpp:9:15: warning: illegal character encoding in string literal
        [-Winvalid-source-encoding]
            cout << "¥n i<82><U+0242>T<82><F0><91><E3><93><FC> ¥n";

1 warning generated.

c:¥goc>pro4_2.exe
i=3
 iに5を代入
i=3
```

「i」に「5」を代入したのに、「メイン・プログラム」の「i」は、「3」のままです。

＊

引数が一方通行になっているのは、多くの場合は、安全でいいことです。

しかし、場合によっては、

・「実引数」(呼び出し側の引数)の値を、「関数側」で書き換えたい。
・「引数」を介して「結果」を返したい。

と、いうことがあります。

結果として、「2つ以上の値を返したい場合」があります。

「関数値」として戻せるのは、「値」としては、1つだけですから、「残り」は、「引数を介して」返すことになります。

swap(a,b)	aとbの値を入れ替える。
sort(x)	配列xの内容を小さい順に並べ変える。

というような関数を書こうとすれば、当然、「引数の値を書き換える」ことが必要になります。

　そういう場合、他の言語なら、関数でない形、つまり「サブルーティン」「手続き」を利用します。
　しかし、「C言語」や、「C++言語」においては、関数の文法を誤魔化して実現しなければなりません。

　その「抜け道」として、もっともよく利用されるのが「**参照渡し**」という書き方です。
　「引数」としても「元の変数のメモリ番地」を渡せば、そこに「値」を書き込んでしまうことができます。

●「値渡し」と「参照渡し」
　「関数」を呼び出すときの「引数」の渡し方には、
・「**値渡し**」(C言語、C++言語)
・「**参照渡し**」(fortran言語)
という、2つの方式があります。

　「値渡し」の場合には、関数を呼び出すとき、実引数の値そのものを関数に渡します。

　それに対して、「参照渡し」の場合には、関数を呼び出すときに、実引数として書かれている変数の記憶場所を関数に渡します。
　呼び出された関数の側では、引数の値が必要になった時点で、教えてもらった番地に値を読みに行きます。

　両方式には、それぞれ、良いところ、悪いところがあります。
　初心者に理解しやすいのは、「値渡し」の方でしょう。
　しかし、値渡しは、一方通行ですから、引数を介して答えを返すことができません。
　これでは、2つ以上の答えを返したい場合に困ります。

「C言語」や「C++言語」においては、「特に指定しない場合は値渡しになる」という規則になっています。

しかし、必要に応じて「参照渡し」を指定できるようになっています。

参照渡しにしたいときには、関数の宣言における「引数の型」の語尾に「&」を付けます。

【例】

```cpp
int  f(int&  x)
{
        return  2*x+3;
}
    int  main(void)
{
                int  i,j;
                 i=5;
                 j=f(i);
                cout  <<  j;
        return  0;
}
```

プログラム5-3　参照渡し

```cpp
//pro4_3.cpp
#include <iostream>
using namespace std;


void swap(int& a, int& b)
{
     int c;
     // a  とbを入れ替える

     c=a;
     a=b;
     b=c;
}
int main(void)
{
     int a,b;
     cout << "a="; cin >> a;
     cout << "b="; cin >> b;
```

```
    cout << "swap¥n";
    swap(a,b);
    cout << "a=" << a << '¥n';
    cout << "b=" << b << '¥n';


                return 0;
    }
```

プログラム5-3　実行後

```
c:¥gcc>clang++ --analyze pro4_3.cpp

c:¥gcc>clang++ -o pro4_3.exe pro4_3.cpp

c:¥gcc>pro4_3.exe
a=123
b=456
swap
a=456
b=123
```

5-3　「配列」と「文字列」の渡し方

前節で

・「C言語」や「C++言語」においては、原則として「値渡し」になる。

・「参照渡し」にしたい場合は、仮引数の型宣言の語尾に「&」を付ける。

のように、説明しました。

＊

これには、少し例外があります。

「引数」が「配列名」「文字列名」の場合には、「&」を付けなくても、自動的に「参照渡し」になります。

この理由は、「値渡し」にすると、大量のデータをコピーし、時間的にもメモリ容量の点でも損になるからでしょう。

＊

この仕様は便利なこともありますが、注意を要する点もあります。

たとえば、「消去法」で「連立1次方程式」を解く関数を呼び出すと、「係数行列」や「右辺の内容」が全部書き換えられてしまう可能性があります。

＊

これを利用して、適当な数値を入力して合計を求めるプログラムを考えてみます。

プログラム5-4　適当な数値から合計を求めるプログラム

```
//pro4_4.cpp
#include <iostream>
using namespace std;


double sum(double a[],int n)
{
double s=0.0;
    for(int i=0; i<n; ++i){
        s=s+a[i];
    }
    return s;
```

```
}
int main(void)
{
        int n;
        //配列の宣言
        cout << "n=";    cin >> n;
        double* a=new double[n];
        //data read
        for (int i=0; i<n; ++i) {
                cout <<"a[" << i << "]=";
                cin >> a[i];
        }
        //関数の呼び出し
        double k=sum(a,n);
        //out
         cout << "\ntotal" << k << '\n';


                        return 0;
        }
```

プログラム5-4　実行後

```
c:\goc>clang++ --analyze pro4_4.cpp
pro4_4.cpp:26:2: warning: Potential leak of memory pointed to by 'a'
        double k=sum(a,n):

1 warning generated.

c:\gcc>clang++ -o pro4_4.exe pro4_4.cpp

c:\gcc>pro4_4.exe
n=5
a[0]=1
a[1]=2
a[2]=3
a[3]=4
a[4]=5

total15
```

警告が出ますが、文法の隙をついているプログラムなので、仕方ありません。

※ちなみに、「VC」だと警告すら出ません。

85

「隣り合った2つのデータを比較して、正しい順序ならば、そのままにしておき、逆順になれば入れ替える」…という操作を、先頭から何度も繰り返すことで、正しい順序になります。

小さい順に並べるプログラムを作ります。

プログラム5-5　小さい順に並べる

```cpp
//pro4_5.cpp
#include <iostream>
using namespace std;


void sort(int a[],int n )
{
  for (int m=n-2; m>=0; --m){
      for ( int j=0; j<=m; ++j) {
       if(a[j]>a[j+1]) {
         int w=a[j];
             a[j]=a[j+1];
             a[j+1]=w;
       }
      }
  }
}
int main(void)
{
    int n;
    cout << "n="; cin >> n;
    int* a=new int[n];
    //date read
    for(int i=0; i<n; ++i) {
            cout  << "a[" << i << "]=";
            cin >> a[i];
    }
    //      関数の呼び出し
    cout << "sort ¥n";
    sort(a,n);
    //out put
    for (int i=0; i<n; ++i) {
            cout <<"a[" << i <<"]=";
            cout <<a[i] << '¥n';
    }
    return 0;
}
```

プログラム5-5　実行後

```
c:¥gcc>clang++ --analyze pro4_5.cpp
pro4_5.cpp:36:9: warning: Potential leak of memory pointed
        return 0;

1 warning generated.

c:¥gcc>clang++ -o pro4_5.exe pro4_5.cpp

c:¥gcc>pro4_5.exe
n=5
a[0]=37
a[1]=40
a[2]=11
a[3]=61
a[4]=25
sort
a[0]=11
a[1]=25
a[2]=37
a[3]=40
a[4]=61
```

　こんどは、「小文字を大文字に変換して返す関数」を作ります。

プログラム5-6　小文字を大文字に変換して返す

```
//pro4_6.cpp
#include <iostream>
using namespace std;


void cap(char komoji[],char oomoji[])
{
  char c;
   int i=0;
      while ((c=komoji[i])!=0) {
              if (96<c && c<123)
              oomoji[i]=c-32;
              ++i;
      }
      oomoji[i]=0; //終端記号を追加
```

```
}
int main(void)
{
    char komoji[80],oomoji[80];
    cout <<"input=¥n";
    cin >> komoji;
    //関数の呼び出し
    cap(komoji,oomoji);
    cout << oomoji;

                    return 0;
    }
```

5-4 「関数」の中で使える「変数」

　関数の中で使える変数としては、

・自動変数

・静的変数

・大域変数

の3種類があります。

　この中で、「自動変数」というのが、いわゆる「普通の変数」です。

　あとの2つは特殊なのですが、ここで、まとめて理解しておくことにしましょう。

●自動変数

　これは、関数の計算に必要な作業場所として使う変数で、その名前は、「宣言した関数の中」だけで有効です。

　「自動変数」を実際に記憶する場所は、その関数が呼び出された時点で自動的に割り付けられ、「return」の際に消去されます。

　「自動変数」の宣言は、関数を定義するプログラムの{ }内に書きます。

●静的変数

　これは、「次に呼び出されるときまで値を保持しておきたい場所に場所に使

う変数」です。

「自動変数」では「return」の際に値が消えますが、「静的変数」の場合は、次に呼び出されるまで、値を残してくれます。

「静的変数」の宣言は、関数を定義するプログラムの{ }内に、型名の前に「static」という予約語をつけて書きます。

「静的変数」でも、名前はその関数の中だけで有効です。

●大域変数

これは、すべての関数で共通に使用できる変数で、その変数名は、「プログラムの全域」で通用します。

「大域変数」の宣言は、「プログラムの冒頭」に書きます。

すべての関数の外側、「main」よりも前です

5-5　　　再帰呼び出し

「手続き」や「関数」の中で、「他の手続きや関数」を呼び出すことができます。

たとえば「fortran言語」でもできて、ごく自然に使えます

＊

「C++言語」では、「手続き」や「関数」の中で、「自分自身を呼び出す」という奇妙なことができます。

これを「**再帰呼び出し**」といいます。

＊

「n!」(nの階乗、すなわち$1 \times 2 \times 3 \times \cdots n$)を計算する関数「f(n)」を再帰呼び出しの形で書くと、次のようになります。

プログラム5-7　再帰呼び出し

```cpp
//saiki.cpp
#include <iostream>
using namespace std;

int f(int n)
{
    int kai;
    if (n==0)
     kai=1;
    else
    kai=n*f(n-1);
    return kai;
}


int main(void)
{
    int m,n;
    cout << "n="; cin >>n;
    m=f(n);
    cout << "n!"  << m << '¥n';

                return 0;
    }
```

プログラム5-7　実行後

```
c:¥gcc>clang++ --analyze saiki.cpp

c:¥gcc>clang++ -o saiki.exe saiki.cpp

c:¥gcc>saiki.exe
n=5
n!120
```

　このプログラムは、

```
n!=n×(n-1)!
```

という式を利用して、計算しています。

この式が正しいことは、

> n!=n×(n-1)×(n-2)×……3×2×1
> 　　　　ここをまとめると (n-1)!

ということで、容易に分かります。

　プログラムの中では、「!」の記号は利用できませんが、「n!」を「f(n)」で表わすことにします。

　一方、「if」の方ですが、「n」が「0」ならば値が「1」、すなわち、「0!=1」ということを書いています。
　「0!」を「1」とするのは、数学の約束です。

　一般に、「再帰呼び出し」は、時間がかかり、記憶場所もたくさん消費します。
　もしも他に簡単な方法があれば、「再帰呼び出し」を使わずに済ませるのがいいでしょう。

　しかし、「再帰呼び出し」を使わなければ、プログラムがうまく書けないものもあります。

●ハノイの塔
　その例として、「ハノイの塔」という問題について考えましょう。

　皿①、皿②、皿③を用意します。
　皿①の上に500円玉、100円玉、10円玉、50円玉と順に乗せ、いちばん上に1円玉を乗せます。
　最初、皿①の上に乗せてある硬貨を、皿③に移動する。…という問題です。

　ただし、
・一度に1枚しか移せない。
・小さい貨幣の上に大きな貨幣を乗せてはいけない。
というルールがあります。
　そのための一時的な置き場所として、「皿②」を使うことができます。

実際にやってみてください。

初めて挑戦する人にとっては、難しい問題です。
最初は2枚でやってみて、それができたら3枚に挑戦します。
だんだんと要領がわかってきたら、プログラムを作ってください。
2枚の場合を基本とします。

> 皿②の一番上の1枚(帽子)を皿③に乗せる場合、
> 帽子を皿②に移動。
> 下の1枚(台)を皿③に移動。
> 皿②においてあった帽子を目的の台に乗せる。

という順序で、移動できます。

何枚もあるときは、枚数「n」とすると、

> 上のn-1枚を帽子のつもりで皿②に移動する。
> 一番下の1枚を(台)を皿③に移す
> 皿②の帽子を皿③に乗せる

という要領でやります。

「n>2」の時は、帽子を一度に移動できませんが、同様に分解して移動します。

「再帰呼び出し」のできるプログラム言語を使えば、「a」から「b」へ「n枚移す」ための手続き、

```
utusu(a,b,n)
```

の本文を、
先ほど説明した要領の通り、

```
utusu(a,b,n-1);
utusu(a,b,1);
utusu(c,b,n-1);
```

と書けます。
ただし、「c」は、「a」「b」でない残りの箇所です。
「c」が、具体的に何番になるかは

```
c=6-a-b
```

で計算できます。

「a+b+c」が、番号の和「1+2+3=6」ですから、こうした式になります。

これをプログラムにすると、次のようになります。

プログラム5-8　ハノイの塔

```cpp
//hanoi.cpp
#include <iostream>
using namespace std;

void utusu(

     int kara, //moto
     int made, //saki
     int maisuu)
{
     int nokori;
     if(maisuu==1)
      cout << kara << "から" <<
            made << "に1枚移す ¥n";
     else {
            nokori=6-kara-made;
            utusu(kara,nokori,maisuu-1); // 帽子
            utusu(kara,made,1);          //台
            utusu(nokori,made,maisuu-1); //帽子
     }

}


int main(void)
{
     int n;
     cout << "枚数 n=";
     cin >> n;
     utusu(1,3,n);

                  return 0;
     }
```

プログラム5-8　実行後

```
c:¥gcc>clang++ --analyze hanoi.cpp

c:¥gcc>clang++ -o hanoi.exe hanoi.cpp
hanoi.cpp:13:20: warning: illegal character encoding in string literal
      [-Winvalid-source-encoding]
cout << kara << "<82><A9><82><E7>" <<

hanoi.cpp:14:20: warning: illegal character encoding in string literal
      [-Winvalid-source-encoding]
made << "<82><U+0242>P<96><87><88><U+0682><B7> ¥n";
hanoi.cpp:28:11: warning: illegal character encoding in string literal
      [-Winvalid-source-encoding)
cout << "<96><87><90><94> n=";.

3 warnings generated.
```

```
c:¥gcc>hanoi.exe
枚数 n=3
1から3に1枚移す
1から2に1枚移す
3から2に1枚移す
1から3に1枚移す
2から1に1枚移す
2から3に1枚移す
1から3に1枚移す
```

第6章
構造体とクラス

この章では、「C++」における最も重要な「クラス」という概念と、「構造体」のことを説明します。

6-1 概念

プログラムを作るとき、いくつかのデータを「組」にして「名前」を付けて、

・代入（コピー）
・演算（データを処理）
・関数に引き渡し
・結果を受け取ってファイルに書き込み、読み出し

などをしたいことが、よくあります。

【例1】分数

分母 , 分子

【例2】空間の位置

x座標， y座標， z座標

従来のプログラム言語 (fortran言語) では、複数個のデータをまとめて扱う手段が「配列」だけでした。

配列は、確かに複数個のデータをまとめて扱うことができますが、同一の型のデータでなければ、1つの配列として扱うことができません。

そこで、型の違うデータでも1つにまとめて扱うことができるように、「C++言語」においては、「**構造体**」という書き方ができるようになっています。

*

「構造体」は、「構造をもつデータ」を扱うための表現形式です。

利用者は、「構造体」という形式のもとで、目的に応じて自由に「データ構造」

を定義し、いろいろな処理を実行することができます。

これをもっと便利に、利用しやすくしたのが、「**クラス**」です。

＊

「クラス」は、データ構造を定義するだけでなく、そのデータ構造に関する「基本的な操作」も一緒に定義し、簡単な形で表現できるようにします。

たとえば、「分数」というクラスを作れば，単に「分母」と「分子」をまとめて扱うだけでなく、分数の「約分」「通分」「加減乗除」「大小比較」「入出力」などの、基本的な操作一式を「**クラスのメンバ関数**」として定義できます。

そして、

```
a、b、cは、分数である
```

と、宣言して、

```
c=a+b;
```

などと、書けるようになるのです。

6-2　「構造体」の書き方

「構造体」と言うのは、

```
      氏名    文字列型
      住所    文字列型
      年齢   整数型
      体重   実数型
```

のような、「一定の形式で、いくつかの項目を組みにしたもの」のことを言います。

「C++」では、これについて、

・**名前を付けること**
・**代入**
・**関数に引き渡すこと**
・**配列を作ること**

が、できます。

　また、「構造体」の中の個々の項目を、「構造体の変数名」「項目の名前」の形、
たとえば

```
aの名前 (a.name) で表わす。
bの名前 (b.age) で表わす。
```

のような形で引用して、普通の変数と同じように「代入」したり、「演算」したり、
「入出力」したりすることができます。

●「宣言」の書き方

```
    struct　構造体の名前　{
            型名            項目名 ;
            型名            項目名 ;
            型名            項目名 ;
};
```

の形で「データ構成」を書き、「型の宣言」をします。

　「項目の型」は、「int」「float」「char」などと書くわけですから、

```
文字列型の場合は、　char[最大字数 +1] ;
配列の場合は、　型名　配列名 [寸法] ;
```

と指定します。

＊

　これで「構造体の宣言」ができました。
　しかし、「型」を定義しただけで、まだデータを扱うことはできません。

　そこで、

```
    struct　構造体の名前　変数名 ;
```

と宣言することによって、その変数名が特定の形式の構造体であることを宣言
します。
　これを、「**実体の宣言**」と言います。

プログラム6-1　構造体

```cpp
//pro5_1.cpp
#include <iostream>
using namespace std;



// 構造体の宣言
struct jikan {
      int ji;
      int hun;
      int byou;
};
//メイン・プログラムの例
int main(void)
{
 struct jikan a,b,c;
 int hour,min,sec;
      //テストデータ作成
      a.ji = 7;
      a.hun = 30;
      a.byou = 30;
      //
      b.ji = 12;
      b.hun = 4;
      b.byou = 45;
      //経過の計算
      hour =b.ji-a.ji;
      min =b.hun-a.hun;
      sec =b.byou-a.byou;
      if (sec < 0) {
              sec += 60;
              min -= 1;
      }
      if (min<0) {
              min +=60;
              hour -=1;
      }
      c.ji =hour;
      c.hun =min;
      c.byou =sec;
      // out
      cout << "経過時間"
```

```
                << c.ji << "時間"
                << c.hun << "分"
                << c.byou <<"秒 ¥n";

                    return 0;
        }
```

プログラム6-1　実行後

```
c:¥gcc>clang++ --analyze pro5_1.cpp

c:¥gcc>clang++ -o pro5_1.exe pro5_1.cpp
pro5_1.cpp:42:11: warning: illegal character encoding in string
      [-Winvalid-source-encoding]
      cout << "<8C>o<89><U+07CE><9E><8A><D4>"

pro5_1.cpp:43:18: warning: illegal character encoding in string
      [-Winvalid-source-encoding]
      << c.ji << "<8E><9E><8A><D4>"

pro5_1.cpp:44:19: warning: illegal character encoding in string
      [-Winvalid-source-encoding]
      << c.hun << "<95><AA>"

pro5_1.cpp:45:19: warning: illegal character encoding in string
      [-Winvalid-source-encoding]
      << c.byou <<"<95>b ¥n";

4 warnings generated.
```

```
pro5_1.cpp:45:19: warning: illegal character encoding in
      [-Winvalid-source-encoding)
      << c.byou <<"<95>b ¥n";

4 warnings generated.

c:¥gcc>pro5_1.exe

経過時間4時間34分15秒

c:¥gcc>
```

「構造体の宣言」は、

```
struct jikan {
          int ji;
          int hun;
          int byou;
};
```

　「構造体の定義」は、全部の関数で共通に使いますので、「大域変数の定義」と同様に、「本プログラムの先頭」より「前」に書きます。

＊

「構造体の各項目を参照」するには、

構造体を表わす変数名 . 項目名

と書きます。

6-3 　「関数」への渡し方

　「構造体の形のデータ」を「関数」に渡したり、「関数」から返してもらうためには、「参照渡し」を使うのが普通です。

　「引数」として「構造体」を書くときは、「実引数(呼び出し側)」は、普通の形で書くことにします。

　「仮引数(関数側)」および「プロトタイプの引数欄」には、

構造体&　変数名

とするのが、普通です。

　「関数値」として「構造体」を返すこともできます。

　それには、関数の宣言を、

構造体の名前　　関数名 (仮引数)

と最初に宣言し、本文に、

return　　構造体の変数名 ;

を書きます。

プログラム6-2 「関数」への渡し方

```
//pro5_2.cpp
#include <iostream>
using namespace std;
//
struct jikan {
      int ji;
      int hun;
      int byou;
};

//時間差を計算する関数

jikan jikansa(jikan& aa, jikan& bb)
{
      jikan cc;
      int j,h,b;
      j = (bb.ji) - (aa.ji);
      h = (bb.hun) - (aa.hun);
      b = (bb.byou) - (aa.byou);
      if (b<0) {
             b += 60;
             h -= 1;
      }
      if (h<0) {
             h += 60;
             j -= 1;
      }
      cc.ji = j;
      cc.hun = h;
      cc.byou = b;
      return cc;
}
// 時間を読み込む関数
jikan yomikomi()
{
      jikan aa;
      cin >> aa.ji >> aa.hun >> aa.byou;
      return aa;
}
// 時間を表示する関数
void hyouji(jikan& aa)
{
```

```
        cout << aa.ji << "時間        "
            << aa.hun << " 分        "
    << aa.byou << " 秒    ¥n   ";
}


//メイン・プログラムの例
int main(void)
{
 jikan a,b,c;
 int ta,tb,tc,r;
        cout << "始めの時間を入力=    ¥n   ";
        a=yomikomi();
        cout << "終了時間を入力= ¥n    ";
        b=yomikomi();
        c=jikansa(a,b);
        cout << "経過時間  ¥n  ";
        hyouji(c);
return 0;
        }
```

プログラム6-2　実行後

```
C:¥gcc>clang++ --analyze pro5_2.cpp

C:¥gcc>clang++ -o pro5_2.exe pro5 2.cpp
pro5 2.cpp:43:20: warning: illegal character encoding in string
      [-Winvalid-source-encoding]
        cout << aa.ji << "<8E><9E><8A><D4>

pro5 2.cpp:44:22: warning: illegal character encoding in string
      [-Winvalid-source-encoding]
        « aa.hun « " <95><AA>            "

bro5 2.cpp:45:21: warning: illegal character encoding in string
      [-Winvalid-source-encoding]
        << aa.byou << "<95>b ¥n ";

pro5 2.cpp:54:11: warning: illegal character encoding in string
```

```
c:¥gcc>pro5_2.exe
始めの時間を入力=
  11
03
```

```
55
終了時間を入力＝
    12
03
55
經過時間
    1時間    0分    0秒
```

6-4 「構造体」の配列

「構造体の配列」を利用することもできます。

＊

「宣言」の書き方は、

```
stuct  構造体の名前  配列名[寸法];
```

で、「参照」の仕方は、

```
配列名[添え字]    ……構造体としての参照
配列名[添え字].  ……個々の項目の参照
```

です。

　関数に配列全体を引き渡すときは、引数として配列名を書きますが、特定の配列要素を渡す場合には、

```
&配列名[添え字]
```

という書き方もできます。

＊

　ここでは、「n個の分数を小さい順に並べ変えるプログラム」を、「構造体」を利用して作ります。

プログラム6-3　構造体の配列

```cpp
//pro5_4.cpp
#include <iostream>
#include <iomanip>
using namespace std;
// 構造体定義
struct bunsuu {
    long bunsi;
```

```
      long bunbo;
      };


//分数の入れ替え
void bswap(bunsuu& a,bunsuu& b)
{
      bunsuu w;
      w=a;
      a=b;
      b=w;
}
//分数列の表示
void hyouji(bunsuu a[],int n)
{
      int i;
      for (i=0; i<n; ++i)
      cout << setw(4) << a[i].bunsi;
      cout << '¥n';
      for(i=0; i<n; ++i)
       cout << " ---";
      cout << '¥n';
      for (i=0; i<n; ++i)
      cout << setw(4) << a[i].bunbo;
      cout << '¥n';
}


//メイン・プログラム
int main(void)
{
      int i,n,k,made,s1,s2;
      bunsuu* a;
      //入力
      cout << "n="; cin >> n;
      a=new bunsuu[n];
      for (i=0; i<n; ++i) {
            cout << "a[" << i
            << "]の分子";
            cin >> a[i].bunsi;
            cout << "a[" << i
                << "]の分母";
            cin >> a[i].bunbo;
      }
```

```
// 実行前の状態
cout << "¥n 並べ換える前 ¥n";
hyouji(a,n);
//sort
for (made=n; made>0; --made) {
        for (k=1; k<made; ++k)  {
                s1=(a[k-1].bunsi)*(a[k].bunbo);
                s2=(a[k-1].bunbo)*(a[k].bunsi);
                if (s1>s2)
                bswap(a[k-1],a[k]);
        }
}
//display
cout << "¥n 並べ換える後 ¥n";
hyouji(a,n);

return 0;
 }
```

プログラム6-3　実行後

```
c:¥gcc>pro5_4.exe
n=3
a[0]の分子1
a[0]の分母2
a[1]の分子1
a[1]の分母3
a[2]の分子4
a[2]の分母5
 並べ換える前
   1   1   4
--- --- ---
   2   3   5
 並べ換える後
   1   1   4
--- --- ---
   3   2   5
```

「分数の大小」は、次のように判定しています。

(Ak-1の分子)/(Ak-1の分母)　　と　(Akの分子)/(Akの分母)

を通分すると

(Ak-1の分子)(Akの分母)/(Ak-1の分母)(Akの分母)と
(Ak-1の分母)(Akの分子)/(Ak-1の分母)(Akの分母)

になります。

その分子のほう、

> (Ak-1の分子)(Akの分母)　と　(Ak-1の分母)(Akの分子)

だけを比較すればいいわけです。

6-5　クラスの書き方

「クラスの宣言」は、次のように書きます。

●class　クラスの名前

```
{
    まとめて扱うデータの型と名前を
      型名　変数名;
```

の形式で列挙

●public：

利用者に使わせる関数を

```
型名　関数名(仮引数の例){
     処理手続き

     }
```

の形で書いて列挙。

＊

　一般利用者に見せない関数があれば、「private：」と書いて、そのプログラムを同様の形式で列挙します。

●実体(インスタンス)

クラスや構造体を扱うとき、名前には、

・クラスの名前(型名に相当する)
・実体の名前(変数名に相当する)

の2種類があることに注意してください。

　たとえば、「時」「分」「秒」をまとめて「時間」という形で扱うクラスを定義し、そのクラスに「jikan」という名前をつけます。

それを利用して、

> 出発した時間をaとします。
> 到着した時刻をbとします。
> 経過時間としてcを計算します。

というプログラムを書くとすると、「jikan」がクラスの名前、「a」「b」「c」がその実体となります。

　クラスの実体を宣言するには、次のように書きます。
クラスの名前　その実体の名前を列挙；

　例に当てはめると、「jikan　a,b,c;」と宣言することになります。
　そうすれば、後は普通の変数と同様、代入文の左辺、右辺に書いたり、関数呼び出しの引数として書くことができ、

```
a=b-c;
```

のように、式の形式でも利用することができます。

●メンバー

　「クラス」は、「データをまとめて利用する方法」です。
「団体旅行者」であり、まとめて扱うのが原則です。

　しかし、その内容の個々のデータを呼び出すこともあります。

　クラスの中の個々のデータを「メンバー」と言います。
　クラブの部員だと考えると理解できます。

　構造体の場合には、メンバーを表わすのに

```
変数名.メンバー名
【例】　a.bunbo
```

という書き方もできます。

　「クラス」でも同じように

```
実体の名前.メンバー名
```

で指示することができます。

●プライベートとパブリック

　クラスは、一般に、「ブラックボックス」として利用します。
「cin」や「cout」もその例です。

　中身を知らなくても、また、クラスという形を知らなくても、「ブラックボックス」として利用することができます。

　別の言い方をすれば、「クラス」とは、「ブラックボックスを作るための手段」であり、「一般、利用者がメンバーに直接アクセスできない」という規則も、そのためです。
　原則として、楽屋には一般客を入れないようにしてあるのです。

　この「原則」を曲げて、公開を許すためには、

```
public;
```

と書きます。

　これを書いておけば、その後に書かれたメンバーは、「クラスの外」から「アクセス可能」になります。

　この規則は、「メンバー変数」だけでなく、「メンバー関数」についても適応されます。

＊

　例として、「jikan」というクラスを作り、その時間差の計算をしてみるプログラムを作ります。

プログラム6-4　時間差の計算

```cpp
//pro5_5.cpp
#include <iostream>
using namespace std;
// クラスの定義
class jikan{
      int h;
      int m;
      int s;

public:
      //keybord input
      void in(void)
      {
            jikan aa;
            cout << "時間、分、秒を入力=　";
            cin >> h >> m >> s;
      }
      //時間の差を計算
      jikan sa(jikan aa , jikan bb)
      {
            jikan cc;
            int ms=0,hm=0;
            //秒の引き算
            if ( aa.s >= bb.s )
             cc.s = aa.s - bb.s;
            else {
                  cc.s = aa.s + 60 - bb.s;
                  ms = 1;
            }
            // minture の引き算
            if ( aa.m - ms > bb.m )
            cc.m=aa.m-ms-bb.m;
            else {
                  cc.m=aa.m+60 - ms - bb.m;
                  hm = 1;
            }
            // 時の引き算
            cc.h = aa.h - hm -bb.h;
            return cc;
      }
      // out
      void out(void)
```

```
        {
            cout << h << "時間 ";
            cout << m << "分   ";
            cout << s << "秒   " << "\n";
        }
    };   //end



//メイン・プログラム
int main(void)
{
    jikan a,b,c;
    a.in();   // a read
    b.in();   // b read

    c = c.sa(a,b); // calc
    cout << "a= "  ; a.out(); // a display
    cout << "b= "  ; b.out(); // b display
    cout << "c= "  ; c.out(); // c display

    return 0;
     }
```

プログラム6-4　実行後

```
c:\gcc>clang++ --analyze pro5_5.cpp
c:\gcc>clang++ -o pro5_5.exe pro5_5.cpp
pro5_5.cpp:15:12: warning: illegal character encoding in string literal
      [-Winvalid-source-encoding]
 ... "<8E><9E><8A><U+0501>A<95><AA><81>A<95>b<82><F0><93><FC><97><U+0341><81>

pro5_5.cpp:44:17: warning: illegal character encoding in string
literal
      [-Winvalid-source-encoding]
      cout << h << "<8E><9E><8A><D4>";

pro5_5.cpp:45:17: warning: illegal character encoding in string
literal
      [-invalid-source-encoding]
      cout <<m << "<95><AA>    ";

pro5_5.cpp:46:17: warning: illegal character encoding in string
literal [-Winvalid-source-encoding]
```

```
cout << s << <95>b   " << "¥n":

4 warnings generated.
```

```
c:¥gcc>pro5_5.exe

時間、分、秒を入力= 11 22 33
時間、分、秒を入力= 10 20 30
a=   11時間 22分33秒
b=   10時間 20分30秒
c=   1時間 2分 3秒

c:¥gcc>
```

＊

　時間「a1」と「a2」の差を「a1-a2」と表現するために、「演算子定義」は、次のように書きます。

プログラム6-5　「a1」と「a2」の差

```cpp
//pro5_6.cpp
#include <iostream>
using namespace std;
// クラスの定義
class jikan{
        int h;
        int m;
        int s;

public:
        //keybord input
        void in(void)
        {
                jikan aa;
                cout << "時間、分、秒を入力=   ";
                cin >> h >> m >> s;
        }

        // 整数型のh、m、sを時間型
        void atai(int hh,int mm,int ss)
        {
                h=hh;
                m=mm;
                s=ss;
        }
```

```
// 時間の和を計算
jikan wa(jikan aa,jikan bb)
{
        jikan cc;
        int ms=0 , hm=0;
        //秒の和
        cc.s=aa.s + bb.s;
        if( cc.s >= 60) {
                cc.s -= 60;
                ms = 1;
        }
        // 分の和
        cc.m=aa.m + bb.m+ms;
        if ( cc.m >= 60 ) {
                cc.m -= 60;
                hm = 1;
        }
        //時の和
        cc.h=aa.h + bb.h +hm;
        return cc;
}



//時間の差を計算
jikan sa(jikan aa , jikan bb)
{
        jikan cc;
        int ms=0,hm=0;
        //秒の引き算
        if ( aa.s >= bb.s )
         cc.s = aa.s - bb.s;
        else {
                cc.s = aa.s + 60 - bb.s;
                ms = 1;
        }
        // minture の引き算
        if ( aa.m - ms > bb.m )
        cc.m=aa.m-ms-bb.m;
        else {
                cc.m=aa.m+60 - ms - bb.m;
                hm = 1;
        }
        // 時の引き算
```

```
                cc.h = aa.h - hm -bb.h;
                return cc;
        }
        // out
        void out(void)
        {
                cout << h << "時間 ";
                cout << m << "分   ";
                cout << s << "秒   " << "¥n";
        }
  };    //end

// 演算子の定義

jikan operator +(jikan a, jikan b)
{
        jikan c;
        return c.wa(a,b);
}

jikan operator -(jikan a, jikan b)
{
        jikan c;
        return c.sa(a,b);
}

//メイン・プログラム
int main(void)
{
        jikan a,b,c,d;
        a.in();    // a read
        b.atai(1,2,3);    // b read

        c=a+b;
        d=a-b;
        cout << "a=" ; a.out();
        cout << "b=" ; b.out();
        cout << "c=a+b ¥n";
        cout << "d=a-d ¥n";
        cout << "c="; c.out();
        cout << "d="; d.out();
                return 0;
        }
```

プログラム6-5　実行後

```
c:\gcc>clang++ --analyze pro5_6.cpp
c:\gcc>clang++ -o pro5_6.exe pro5_6.cpp
pro5_6.cpp:15:12: warning: illegal character encoding in string literal
      [-Winvalid-source-encoding]
 ... "<8E><9E><8A><U+0501>A<95><AA><81>A<95>b<82><F0><93><FC><97><U+0341><81>

pro5_6.cpp:78:17: warning: illegal character encoding in string literal
      [-Winvalid-source-encoding]
      cout << h << "<8E><9E><8A><D4>";

pro5_6.cpp:79:17: warning: illegal character encoding in string literal
      [-invalid-source-encoding]
      cout <<m << "<95><AA>    ";

pro5_6.cpp:80:17: warning: illegal character encoding in string literal
[-Winvalid-source-encoding]
cout << s << "<95>b   " << "\n":

4 warnings generated.
```

```
c:\gcc>pro5_6.exe
時間、分、秒を入力= 11 22 33
a=   11時間 22分33秒
b=   1時間    2分 3秒
c=   a+b
d=   a-d
c=   12時間 24分      33秒
d=   10時間 20分      27秒

c:\gcc>
```

＊

分数の「入力」「出力」「加減乗除」をサポートする「クラス(BNS)」を作ります。

プログラム6-6　分数のサポート

```
//pro5_7.cpp
#include <iostream>
using namespace std;
// クラスの定義
```

```
class BNS {
        long bunsi;
        long bunbo;

public:
        // 初期化
        BNS(void) {
                bunsi = 0;
                bunbo = 1;
        }
        // 演算子＋
        friend BNS operator +(BNS& a , BNS& b)
        {
                BNS c;
                c.bunsi = (a.bunsi)*(b.bunbo)+
                (a.bunbo)*(b.bunsi);
                c.bunbo = (a.bunbo)*(b.bunbo);
                return c;
        }

        // 演算子-
        friend BNS operator -(BNS& a,BNS& b)
        {
                BNS c;
                c.bunsi = (a.bunsi)*(b.bunbo)-
                (a.bunbo)*(b.bunsi);
                c.bunbo= (a.bunbo)*(b.bunbo);
                return c;
        }

        // 演算子＊
        friend BNS operator *(BNS& a, BNS& b)
        {
                BNS c;
                c.bunsi=(a.bunsi)*(b.bunsi);
                c.bunbo=(a.bunbo)*(b.bunbo);
                return c;
        }
        // 演算子/
        friend BNS operator /(BNS& a, BNS& b)
        {
                BNS c;
                c.bunsi=(a.bunsi)*(b.bunbo);
                c.bunbo=(a.bunbo)*(b.bunsi);
```

```
                return c;
        }

        // 整数型の分母と分子から分数をつくる
        friend BNS bunsuu(int a , int b)
        {
                BNS r;
                r.bunsi=a;
                r.bunbo=b;
                return r;
        }
        //分数のread
        friend void read(BNS& a)
        {
                cout << "分子";
                cin >> a.bunsi;
                cout << "分母";
                cin >> a.bunbo;
        }
        //分数の表示
        friend void write(BNS& a)
        {
                cout << a.bunsi;
                cout << " / " ;
                cout << a.bunbo;
                cout << "¥n";
        }
};    //;

//メイン・プログラム
int main(void)
{
        BNS a,b,wa,sa,seki,shou;

        cout << "分数aを入力¥n";
        read(a);
        //b=bunsuu(1 , 3);   //
        cout << "分数bを入力¥n";
        read(b);
        wa=a+b;
        sa=a-b;
        seki=a*b;
        shou=a/b;
```

```
        cout << "a="; write(a);
        cout << "b="; write(b);
        cout << "a+b=";  write(wa);
        cout << "a-b=";  write(sa);
        cout << "a*b=";  write(seki);
        cout << "a/b=";  write(shou);
            return 0;
    }
```

プログラム6-6　実行後

```
c:¥gcc>clang++ --analyze pro5_7.cpp

c:¥gcc>clang++ -o pro5_7.exe pro5_7.cpp
pro5_7.cpp:00:12: warning: illegal character encoding in string literal
    [-Winvalid-source-encoding]
    cout << "<95><<AA><8E>q";

pro5_7.cpp:68:12: warning: illegal character encoding in string literal
    [-Winvalid-source-encoding]
    cout << "<95><AA><95><EA>":

pro5_7.cpp:87:11: warning: illegal character encoding in string literal
    [-Winvalid-source-encoding]
    cout << "<95><AA><90><94><82><81><82><F0><93><FC><97><CD>¥n" ;

pro5_7.cpp:90:11: warning: illegal character encoding in string literal
    [-Winvalid-source-encoding]
    cout << "<95><AA><90><94><82><82><82><F0><93><FC><97><CD>" ;

4 warnings generated.
```

```
c:¥gcc>pro5_7.exe
分数aを入力
分子1
分母2
分数bを入力
分子1
分母3
a=1 / 2
 b=1 / 3
a+b=5 / 6
a-b=1 / 6
a*b=1 / 6
a/b=3 / 2
```

第7章

ポインタ

この章では、「ポインタ」や、「ポインタ演算子」「ポインタ変数」「ポインタのポインタ」について解説します。

7-1　「ポインタ」とは

「ポインタ」は、「メモリ・アドレス」自体を示しています。

そのため、「メモリ・アドレス」のことを、「ポインタ」とも言い、「メモリ・アドレス」内に格納されている「数字」や「文字」を、間接的に表わしています。

この「間接的に表わす」ことを、「参照する」と言います。

我々がプログラムを作るとき、「メモリ・アドレス」を考えなくても、プログラムは作れます。

言い換えれば、通常は、「メモリ・アドレス」を直接操作することはできないのです。

しかし、「C言語」では、「ポインタ」を利用することによって「メモリ・アドレス」を直接操作できます。

したがって、「ポインタ」をうまく利用すると、「機械語」のように、きめ細かい操作が可能になります。

ここでは、少々無謀ですが、"「ポインタ」とは「メモリ・アドレス」のことだ"と思ってください。

そうすれば、「*」(アスタリスク)や「&」(アンパサンド)の意味が明確に分かると思います。

7-2 「ポインタ」と「メモリ・アドレス」

プログラム7-1 「ポインタ」と「メモリ・アドレス」

```cpp
//pro6_1.cpp
#include <iostream>
#include <string.h>
#include <stdio.h>
using namespace std;


//メイン・プログラム
int main(void)
{
    int a;
    printf("input=");
    scanf("%d",&a);
    printf("%d",a);
    printf("¥n");
    return 0;
    }
```

プログラム7-1 実行後

```
c:¥gcc>clang++ --analyze pro6_1.cpp

c:¥gcc>clang++ -o pro6_1.exe pro6_1.cpp

c:¥gcc>pro6_1.exe
input=20
20

c:#gcc>
```

プログラム解説

●int　a;
「整数型」の変数「a」を宣言することによって、「int型(整数)」の変数「a」の領域がメモリ上に確保されます。

●scanf("%d",&a);
　確保されたメモリの「メモリ・アドレス」を「scanf関数」に渡します。

● printf("%d",a);

　「printf関数」は、「メモリ・アドレス」をもらうことによって、その「メモリ・アドレス」に入っている「数字」や「文字」を画面に表示する働きします。

7-3　「ポインタ演算子」と「ポインタ変数」

　「ポインタ」を利用するには、次の2種類の「演算」が利用されます。

「&」(アンパサンド)	「メモリ・アドレス」を取り出す。
「*」(アスタリスク)	「内容」を取り出す(参照する)

　「ポインタ変数」の定義は、次のようになります。

```
型 *ポインタ変数;
```

　つまり、

```
int *a;
```

のように、普通に変数の前に「*」を付けて宣言します。

　ここでは、次のことに注意しましょう。

・「ポインタ変数」の名前」は「a」であり、「*a」ではない。
・「ポインタ変数」の「a」の「型」が「int型」ということではなく、「ポインタ変数
　aで参照できるデータのタイプ」が「int型」である。

　また、「ポインタ変数」は、単独では存在しないので、「ポインタ」を利用して「ポインタ変数」を宣言することになります。
　この場合、必ず「**3段階**」に分けて記述する必要があります。

　この「3段階」とは、次のような3段階です。

①「ポインタの対象となる変数」の「型宣言」をする。
②「ポインタ変数」の「型」を宣言する。
③「ポインタ変数」に「対象となる変数」の「アドレス」を代入する。

ここでは、「int型」を利用した「ポインタ変数宣言」の例を示します。

【例】

```
int a; ←int型の「変数a」を宣言する。
int *p; ←int型の変数を指し示す「ポインタ変数」を宣言。
p=&a ; ←「変数aのアドレス」を「ポインタ変数p」に代入。
```

プログラム7-2　ポインタ変数宣言

```cpp
//pro6_2.cpp
#include <iostream>
#include <string.h>
#include <stdio.h>
using namespace std;

//メイン・プログラム
int main(void)
{
    int a=80;
    int *p;
    p=&a;
    printf("変数aのアドレス =%d\n",&a );
    printf("変数aの内容      =%d\n",a);
    printf("ポインタ変数pの内容=%d\n",p);
    printf("ポインタ変数pで参照されている内容=%d\n",*p);
    return 0;
    }
```

プログラム7-2　実行後

```
c:\gcc>clang++ -o pro6_2.exe pro6_2.cpp
pro6_2.cpp:14:10: warning: illegal character encoding in string literal
[-Winvalid-source-encoding]
printf("<95><U+0300><94>a<82><U+0303>A<83>b<83><8C><83>X =%d\n~, &a   );

pro6_2.cpp: 15:10: warning: illegal character encoding in string literal
[-Winvalid-source-encoding]
printf("<95><U+0300><94>a<82><U+0313><ED><97>e      =%d\n",a);

pro6_2.cpp: 16:10: warning: illegal character encoding in string literal
[-Winvalid-source-encoding)
…<83>|<83>C<83><93><83>^<95><U+0300><94><82><90><82><U+0313><E0><97>
e=%d\…
```

```
pro6_2.cpp:17:10: warning: illegal character encoding in string literal
[-Winvalid-source-encoding]
 ...<83>|<83>C<83><93><83>^<95><U+0300><94><82><90><82><U+014E>C<8F>
<U+0182><B3><82><EA><82><U+0102><A2><82><E9><93><E0><97>...

4 warnings generated.
```

```
c:¥gcc>pro6_2.exe
変数aのアドレス　=2358856
変数aの内容　=80
ポインタ変数pの内容=2358856
ポインタ変数p　で参照されている内容=80
```

プログラム解説

●int　a=80;
「変数a」のための「メモリ領域」を確保します。

●p=&a;
「変数a」のアドレスを、「ポインタ変数p」に代入します。

　プログラム7-3では、「ポインタ変数a,b」をもつ「ポインタ」を用いたプログラムと、プログラムの中で重要な箇所について説明します。

プログラム7-3 「ポインタ変数a,b」をもつ「ポインタ」

```cpp
//pro6_3.cpp
#include <iostream>
#include <string.h>
#include <stdio.h>
using namespace std;


//メイン・プログラム
int main(void)
{
      int a=80,b=0;
      int *p;
      p=&a;
      printf("変数aのアドレス =%d\n",&a );
      printf("変数aの内容      =%d\n",a);
      printf("ポインタ変数pの内容=%d\n",p);
      printf("ポインタ変数pで参照されている内容=%d\n",*p);


      b=*p;
      printf("変数bのアドレス   =%d\n",&b);
      printf("変数bの内容       =%d\n",b);


      p=&b;
      printf("ポインタ変数pの内容=%d\n",p);
      printf("ポインタ変数pで参照されている内容=%d\n",*p);
   return 0;


      }
```

プログラム7-3 実行後

```
C:\gcc>clang++ --analyze pro6_3.cpp

C:\gcc>clang++ -o pro6_3.exe pro6_3.cpp
```

```
c:\gcc>pro6_3.exe
変数aのアドレス =2358856
変数aの内容 =80
```

```
ポインタ変数pの内容=2358856
ポインタ変数 p で参照されている内容=80
変数bのアドレス =2358852
変数bの内容 =80
ポインタ変数pの内容=2358852
ポインタ変数pで参照されている内容=80
c:¥gcc>
```

プログラム解説

● int a=80,b=0;

「変数a」と「変数b」のための「メモリ領域」を確保。

● p=&a;

「変数a」のアドレスを、「ポインタ変数p」に代入。

● b=*p;

「p」が参照している数値を、「変数b」に代入。

● p=&b;

「変数b」の「アドレス」を「ポインタ変数p」に代入。

プログラム7-4 「ポインタ変数p」

```
//pro6_4.cpp
#include <iostream>
#include <string.h>
#include <stdio.h>
using namespace std;


//メイン・プログラム
int main(void)
{
 int a=80, b=90;
 int *p;
 p=&a;
      printf("a=%d b=%d *p=%d¥n", a,b,*p);
 p=&b;
      printf("a=%d b=%d *p=%d¥n", a,b,*p);
 a=*p;
      printf("a=%d b=%d *p=%d¥n", a,b,*p);

    return 0;

      }
```

プログラム7-4 実行後

```
C:¥gcc>clang++ --analyze pro6_4.cpp

C:¥gcc>clang++ -o pro6_4.exe pro6_4.cpp

c:#gcc>pro6_4.exe
a=80 b=90 *p=80
a=80 b=90 *p=90
a=90 b=90 *p=90
```

プログラム解説

●int *p;

「ポインタ変数p」が宣言されている。

「ポインタ」は、「アドレス」を入れる変数で「p」には「int型（整数型の値）」の「ア
ドレス」が入ります。

「*p」は、「そのアドレスの内容」を意味します。

● p=&a;
変数に「&」を付けると「その変数が格納されているアドレス」の意味になる。

● p=&b;
「変数b」の「アドレス」を「ポインタ変数p」に代入。

● a=*p;
「*p」の内容「90」を「変数a」に入れる。

つまり、このプログラムは、「bの内容をaに代入」したわけです。

```
a=b;
```

としても、同じ結果になります。
　しかし、「ポインタ変数」を利用したほうが計算速度が速いので、「短時間」で「大量のデータ」を処理することが可能になります。
＊
　このポインタの利用法だと、ポインタの宣言と記憶場所をいちいち宣言しなければなりません。

　ところが、「new int」という「C++言語」の新しい書き方を使えば、「ポインタ」だけでなく「記憶場所」も確保されます。

　その「プログラム例」を示します。

プログラム7-5　new int

```
//pro6_5.cpp
#include <iostream>
#include <string.h>
#include <stdio.h>
using namespace std;


//メイン・プログラム
```

```cpp
int main(void)
{
 int* a=new int;
 int* b=new int;
 int* c=new int;
     *a=2;
     *b=3;
     *c=(*a)+(*b);
     cout << "*a=" << *a << '\n';
     cout << "*b=" << *b << '\n';
     cout << "*c=" << *c << '\n';

   return 0;

     }
```

プログラム7-5 実行後

```
C:\gcc>clang++ --analyze pro6_5.cpp
pro6_5.cpp:17:2: warning: Potential leak of memory pointed to by 'a'
     cout << "*a=" << *a < '\n';

pro6_5.cpp:18:2: warning: Potential leak of memory pointed to by 'b'
     cout  << "*b"  <<*b  << '\n';

pro6_5.cpp:19:2: warning: Potential leak of memory pointed to by 'c'
     cout << "*c=" <<*c << '\n':

3 warnings generated.

c:\gcc>clang++ -o pro6_5.exe pro6_5.cpp
```

```
c:\gcc>pro6_5.exe
*a=2
*b=3
*c=5
```

　次に、「*a」と「*b」の値をキーボードから読み込んで

```
*c=*a+*b
```

の計算をしてみましょう。

　ポインタを利用したほうが計算速度が速いので、大量のデータを処理すると
きには、「ポインタ変数」を利用するのがいいでしょう。

プログラム7-6　*c=*a+*b

```cpp
//pro6_6.cpp
#include <iostream>
#include <string.h>
#include <stdio.h>
using namespace std;


//メイン・プログラム
int main(void)
{
 int* a=new int;
 int* b=new int;
 int* c=new int;
    cout << "*aの入力=";

        cin >> *a;
        cout << "*bの入力=";
        cin >> *b;
        *c=(*a)+(*b);
        cout << "*a=" << *a << '\n';
        cout << "*b=" << *b << '\n';
        cout << "合計*c=" << *c << '\n';


        return 0;

        }
```

プログラム7-6　実行後

```
c:\gcc>clang++ --analyze pro6_6.cpp
pro6 6.cpp:22:2: warning: Potential leak of memory pointed to by 'c'
        cout << "<80><87><8C>v*c="   << *c << '\n';

1 warning generated.

c:\gcc>clang++ -o pro6_6.exe pro6_6.cpp
pro6_6.cpp:14:16: warning: illegal character encoding in string literal
        [-Winvalid-source-encoding]
    cout << "*a<82><U+0313><FC><97><U+0341><81>";

pro6_6.cpp:17:13: warning: illegal character encoding in string literal
        [-Winvalid-source-encoding]
```

```
        cout << "*b<82><U+0313><FC><97><U+0341><81>";

pro6_6.cpp:22:11: warning: illegal character encoding in string
literal
        [-Winvalid-source-encoding]
        cout << "<80><87><8C>v*c" << *c << '¥n';

3 warnings generated.
```

```
c:¥gcc>pro6_6.exe
*aの入力=12
*bの入力=34
*a=12
*b=34
合計*c=46
```

7-4 「ポインタ」と「配列」

「C言語」と「C++言語」においては、「ポインタ」と「配列」は密接な関係に整列しています。

そのため、「ポインタ」を利用することによって、「配列の要素」を自由に取り扱うことができます。

●メモリ上の「配列名」

「配列名」は、「メモリ・アドレス」をもっています。

ここでは、さらに詳細に説明することにします。

＊

「配列」は、次のように宣言します。

```
char moji[ ]="YOKOHAMA";
```

このとき、「連続したメモリ領域」に「データ」が格納されます。

そして「格納領域の先頭アドレス」が「配列名moji」にセットされます。

●「ポインタ」と「配列」の関係

「配列」が「メモリ」上に「連続してデータを格納」し、「格納された文字列の先頭のアドレス」が「配列名」にセットされます。

ですから、「ポインタ」を利用すれば「配列要素」を取り扱うことができます。

「配列名」にセットされた「先頭アドレス」を「ポインタ」に代入すれば、「ポインタ」を操作することで、「配列要素」も自由に操作できます。

●「ポインタ変数の型」と「変数の型」の一致

プログラム7-7　「ポインタ変数の型」と「変数の型」の一致

```cpp
//pro6_7.cpp
#include <iostream>
#include <string.h>
#include <stdio.h>
using namespace std;

//メイン・プログラム
int main(void)
{
 char moji[]="YOKOHAMA";
      char *p;
      p=moji;
      printf("moji=%u¥n",moji);
      while(*p){
              printf("adress=%u-----'%c'¥n",p,*p);
              p=p+1;
      }

    return 0;

      }
```

プログラム7-7　実行後

```
c:¥gcc>clang++ --analyze pro6_7.cpp

c:¥gcc>clang++ -o pro6_7.exe pro6_7.cpp

C:¥gcc>pro6_7.exe
moji =2358851
adress=2358851-----'Y'
adress=2358852-----'O'
adress=2358853-----'K'
```

```
adress=2358854-----'O'
adress=2358855-----'H'
adress=2358856-----'A'
adress=2358857-----'M'
adress=2358858-----'A'
```

プログラム解説

　「char型配列」は、「メモリ領域」を「1バイト」ずつ使いますが、「int型」なら「2バイト」が「データ格納領域」です。

　したがって、「ポインタ」を、そのポインタで操作したい「配列型」と同じ型に宣言しておく必要があります。

　そうすれば、「p+1」としたときでも、自動的に「char型」なら1つずつ、「int型」なら4つ飛ばしに「ポインタ」が進むことになります。

　プログラム7-7は、「ポインタ」を利用して「char型配列」を操作しています。

● char moji[ ]="YOKOHAMA";
　文字型配列「moji」に「文字列」をセット。

● char *p;
ポインタ「p」を宣言。

● p=moji;
配列「moji」の「先頭アドレス」を、ポインタ「p」に代入。

● while(*p)
　条件式「(*p)」がプラスの間は、**16～17行**の「従属文」を繰り返す。
なお、「文字列」の最後の目印「￥0」が「*p」に代入されたとき、「while文」は終了する。

プログラム7-8　「ポインタ」を利用した「int型配列」の操作

```cpp
//pro6_8.cpp
#include <iostream>
#include <string.h>
#include <stdio.h>
using namespace std;


//メイン・プログラム
int main(void)
{
    int data[]={11,12,13,14,15,0};
    int *p;
    p=data;
    printf("data=%u\n",data);
    while(*p) {
        printf("adress=%u---------%d\n",p,*p);
        p=p+1;
    }


    return 0;

}
```

プログラム7-8　実行後

```
c:\gcc>clang++ --analyze pro6_8.cpp

c:\gcc>clang++ -o pro6_8.exe pro6_8.cpp

C:\gcc>pro6_8.exe
data =2358832
adress=2358832---------11
adress=2358832---------12
adress=2358832---------13
adress=2358832---------14
adress=2358832---------15
```

プログラム解説

　プログラム7-8は、「ポインタ」を利用して「int型配列」を操作していきます。
このプログラムの重要な箇所を解説していきます。

●int　data{11,12,13,14,15,0}

```
整数型配列data[    ]={11,12,13,14,15,0};
```

　整数型配列data数字をセット。

●int *p;

　ポインタ「p」を宣言。

●p=data;

　配列「data」の「先頭アドレス」を「p」に代入。

●while(*p)

　条件式「*p」が「正」の間は、16～17行の「従属文」を繰り返す。

●p=p+1;

　「ポインタ」の値を「1」だけ加算します。

　「整数型」なら4バイト、「文字型」なら「1バイト」だけ、メモリ・アドレスを
移動します。

7-5 「ポインタ」の「ポインタ」とは

「ある変数が格納されているメモリ・アドレス」のことを「ポインタ」と言い、「ある変数が格納されているアドレスを代入できる変数」を「ポインタ変数」と言うこと、そして「型宣言のされている変数はメモリ上に領域が確保できる」ことは、先に述べました。

●「int型」の「ポインタ変数宣言」の例

```
int   a;
int   *p;

p=&a;
```

この操作で、「ポインタ変数」自身の「メモリ領域」が確保されます。

つまり、「ポインタ変数」を利用するときは、「ポインタ」が指し示す対象である「変数のメモリ領域」と、「ポインタ変数自身のメモリ領域」の2種類のメモリ領域がメモリ上に確保されることになります。

したがって、「ポインタ変数自身」が確保しているメモリ領域を利用すればさらにポインタの応用範囲が広がります。

これを、「**ポインタのポインタ**」と言います。

*

「ポインタのポインタ」の場合、「ポインタ変数」の前に「**」を付けます。

「ポインタのポインタ」は、「ポインタ変数自身のメモリ領域を指し示すポインタ」なので、結局は、「メモリ・アドレス」のことを指します。

つまり、「ポインタのポインタ」＝「ポインタ変数のメモリ・アドレス」ということです。

プログラム7-9に「ポインタのポインタ」を利用したプログラムを示します。

プログラム7-9　ポインタのポインタ

```cpp
//pro6_9.cpp
#include <iostream>
#include <string.h>
#include <stdio.h>
using namespace std;

int main(void)
{
     char a='A';
     char *p;
     char **q;
     p=&a;
     q=&p;
     printf("変数は%cです。¥n ",a);
     printf("ポインタ変数の内容は%uです ¥n ",p);
     printf("ポインタ変数が参照している値は%cです。¥n",*p);
     printf("ポインタ変数自身のメモリ領域は%uです。¥n",&p);
     printf("ポインタのポインタは%uです。 ¥n",q);
     printf("ポインタのポインタの参照している値は%uです¥n",*q);
     printf("ポインタのポインタのメモリ領域は%uです。¥n",&q);
  return 0;
               }
```

プログラム7-9　実行後

```
c:¥gcc>clang++ --analyze pro6_9.cpp

c:¥gcc>clang++ -o pro6_9.exe pro6_9.cpp
```

```
c:¥gcc>pro6_9.exe
変数はAです。
ポインタ変数の内容は2358859です
ポインタ変数が参照している値はAです。
ポインタ変数自身のメモリ領域は2358848です。
ポインタのポインタは2358848です。
ポインタのポインタの参照している値は2358859です
ポインタのポインタのメモリ領域は2358840です。
```

プログラム解説

● char a='A';
「char型」の「変数a」を宣言。

● char *p;
「char型」の「変数」を示す「ポインタ変数」を宣言。

● char **q;
「char型」の「ポインタ変数」自身の「メモリ領域」を指し示す「ポインタの
ポインタ」を宣言。

● p=&a;
　「変数a」の「アドレス」を「ポインタp」に代入。

● q=&p;
　「ポインタ変数」自身の「メモリ領域」を「ポインタのポインタ」の「q」に
代入。

● printf("変数は%cです。¥n",a);
　「変数a」に格納されている「A」を出力。
　「%c」は「文字型変換」の指定文字

● printf("ポインタ変数の内容は%uです。¥n",p);
　「% u」は、「符号なし10進数」に変換する「整数型変換」の指定文字。

第8章

メモリ関数

変数や配列を宣言すると、「自動的に」メモリ上に、それらの領域が確保されます。

しかし、たくさんのメモリを用意する必要がある場合、最悪、プログラムが止まってしまう危険性があります。

そこで、使用者側でメモリを確保するために、「malloc関数」などの「メモリ関数」の使用法を解説します。

8-1 「メモリ」の確保

自由に配列を作るためには、「malloc関数」が用意されています。

「malloc関数」を使うには、「stdlib.h」を「#include」する必要があります。

「malloc関数」で指定できるのは、バイト単位のサイズなので、任意の要素数の配列には、「sizeof演算子」を使用します。

「malloc関数」で確保されたメモリを「ヒープ」と呼ぶことがあります。

また、ヒープに確保された配列を、「**動的配列**」と呼ぶことがあります。

なお、メモリ確保に失敗すると「NULL」が返されます。

これをそのまま使用すると「バグ」になるので、「malloc関数」の戻り値は、必ずチェックする必要があります。

ただ、わずかなメモリ確保に失敗した場合は、システム全体が深刻な「メモリ不足」で今にもフリーズしそう、ということなので、強制終了以外に対策はありません。

*

「malloc関数」によって確保されたメモリは、プログラムが終了するまで残ります。

そのメモリが不要になった場合は、「free関数」を利用して解放します。

プログラム8-1　malloc関数

```cpp
//pro7_1.cpp
#include <iostream>
#include <string.h>
#include <stdio.h>
#include <stdlib.h>
using namespace std;

int main(void)
{
    int i;
    int *heap;
    heap = (int *)malloc(sizeof(int) * 10);
    if (heap == NULL) exit(0);

    for (i=0; i<10 ; i++) {
        heap[i] = i ;
    }
    for (i=0; i<10; i++) {

        printf("%d ¥n",heap[i]);
    }
    free(heap);
    return 0;
}
```

プログラム8-1　実行後

```
c:¥gcc>clang++ --analyze pro7_1.cpp

c:¥gcc>clang++ -o pro7_1.exe pro7_1.cpp

c:¥gcc>pro7_1.exe
0
1
2
3
4
5
6
7
8
9
```

プログラム解説

　「ポインタ変数」には、「malloc関数」の戻り値を格納した「ポインタ変数」を指定。
　このプログラムは、「int型」の要素数10個の配列を、動的に確保します。

　「sizeof(int)」によって、int型変数1つのバイト単位のサイズが求められるので、それを10倍することで、「int型変数」10個分のメモリを確保しています。

　「malloc関数」が返すアドレスは、「void型」のポインタ。
　この型は、「どんなポインタ変数にも代入できる」という型なので、本当は(int *)にキャストする必要はないのですが、「C++言語コンパイラ」では、キャストしないとエラーが出ます。

　メモリ確保に失敗した場合は「exit関数」を呼び出して強制終了。
　「exit関数」を使うには、<stdlib.h>を#includeする必要があります。

　確保した配列を使い終わったら、「free関数」を呼び出して解放します。

8-2　メモリ操作関数

メモリの内容を操作するときに便利な関数を紹介します。

なお、これらの関数を利用するときは、プログラムの先頭で、「#include <memory.h>」とする必要があります。

●メモリの内容をコピーする

プログラム8-2　メモリの内容をコピーする

```
//pro7_2.cpp
#include <iostream>
#include <string.h>
#include <stdio.h>
#include <stdlib.h>
#include <malloc.h>
#include <memory.h>
using namespace std;

int main(void)
{
 char *b;
     char a[4] = {20,40,30,10};
     b = (char *)malloc(sizeof(char)*200);
     memcpy(b, a, sizeof(char)*4);
     printf("%d %d %d %d ¥n", b[0],b[1],b[2],b[3]);
     free(b);
   return 0;
             }
```

プログラム8-2　実行後

```
c:\gcc>clang++ --analyze pro7_2.cpp

c:\gcc>clang++ -o pro7_2.exe pro7_2.cpp

c:\gcc>pro7 2.exe
20 40 30 10

c:\gcc>
```

8-3　「malloc関数」の実態

「malloc関数」は、好きなように好きなサイズの「動的配列」を作ることができるので、非常に便利ですが、実は、その仕組みは、「メモリ」に「印」をつけているだけです。

これは、冷蔵庫に入っている菓子に名前を書いておくのと同じです。
家族みんなが、その名前に従って他人のお菓子食べなければ問題はありませんが、勘違いによって、ほかの人にお菓子が食べられてしまう可能性は、充分にあります。

「malloc関数」にも似たような性質があり、うまく使うのは難しいです。
したがって、プログラムに利用する際に、うまくいかないことがあります。

「動的なメモリ」の確保には、「new関数」を利用したほうがいいようです。
最近になって「malloc関数」の問題点について、解説した本も出版されるようになりました。
そこで、まず、「new関数」を利用したプログラムについて、説明していきましょう。

●「new演算子」によるメモリの確保

```
ポインタ = new 型名 ;
```

「動的」にメモリを確保するコードを見てみましょう。

```
int* pa;        「ポイント変数」を用意します。
pa =new int;    「new演算子」によってメモリを確保し、そのアドレスを代入
                します。
```

　動的にメモリを確保するには、まず、「確保する型へのポインタ」(ここでは「pa」)を用意しておく必要があります。

　「new演算子」は、メモリを確保し、その確保したメモリのアドレスを返します。
　そのため、このアドレスを「ポインタpa」に格納しているのです。

　なお、動的にメモリを確保した場合は、変数を利用した場合と異なり、このアドレスを利用してメモリを直接扱う必要があります。
　つまり、確保したメモリに何か値を記憶させるときは、そのポインタを利用して、次のように代入します。

```
*pa=100;
```

　このように「ポインタ」を介して値を代入する方法は、すでに説明しました。

●動的なメモリの解放

　「動的」にメモリを確保した場合には、注意しなければならないことがあります。
　つまり、メモリが必要でなくなった場合には、私たちプログラムを作る人間が、このメモリを解放する処理を記述しなければならないということです。

　「ローカル変数」や「グローバル変数」とは異なり、メモリをいつ解放するかをプログラムの作成者が決めてやらなければならないのです。
＊
　「動的に確保したメモリ」を解放するには、次のように行ないます。

```
delete ポインタ名 ;
```

つまり、メモリを利用し終えたら、コード内に、

```
delete  pa;
```

のように、記述しなければなりません。

＊

それでは、メモリを動的に確保する場合の、一連の手順を見てみます。

プログラム8-3　動的なメモリの確保

```cpp
//pro7_3.cpp
#include <iostream>
#include <string.h>
#include <stdio.h>
#include <stdlib.h>
#include <malloc.h>
#include <memory.h>
using namespace std;

int main(void)
{
 int* pa;
      pa = new int;   //メモリ確保
      cout << "動的にメモリを確保しました   ¥n ";
      *pa=100 ;
      cout <<"動的に確保したメモリを利用して " << *pa <<
       "を出力しています   ¥n";

      delete pa;//メモリ解放します。
       cout << "確保したメモリを解放しました ¥n";
      return 0;


        }
```

プログラム8-3　実行後

```
c:\gcc>clang++ --analyze pro7_3.cpp

c:\gcc>clang++ -o pro7_3.exe pro7_3.cpp
```

```
c:\gcc>pro7_3.exe
動的にメモリを確保しました
 動的に確保したメモリを利用して100を出力しています
確保したメモリを解放しました

c:\gcc>
```

　ここで、動的に確保したメモリを利用して値を記憶し、出力しました。

＊

　このコードを利用する方法では、なかなか「動的なメモリの確保」の便利さは
理解しにくいかもしれません。

　しかし、たくさんの関数が登場する、「大規模なコード」の場合を考えてみて
ください。
　「関数の開始」や「終了」にかかわらず、記憶しておきたい値がある場合には、
「ローカル変数」は使えません。
　「ローカル変数の寿命」は、その関数内だけに限られています。

　一方、「グローバル変数」であれば、プログラムの実行中は、ずっと値を保持
することができますが、限りあるメモリを無駄遣いすることにもなりかねませ
ん。

　この2つの方法に比べて、「動的にメモリを確保」する方法では、限りあるメ
モリを必要なときに、充分に利用することが、できるようになります。

●配列を動的に確保する

　「動的にメモリを確保」することは、特に「配列」を扱う際に重要です。
　プログラムの実行時に、「配列の大きさ」を指定して扱うことができるように
なるからです。

　「配列」の要素数をいくつ利用するのか分からない場合は、配列の要素を大きめに確保する必要があります。

　配列のサイズを、プログラムを実行する際に決めることができるのです。

＊

　まず、「配列の動的な確保」を行なう構文を覚えましょう。

●動的な配列の確保

```
ポインタ名 = new 型名[要素数];
```

　この場合にも、配列を利用し終わったらメモリを解放する必要があります。
このためには、次のように[ ]をつけて解放します。

```
delete[ ]ポインタ名;
```

プログラム8-4　動的な配列の確保

```cpp
//pro7_4.cpp
#include <iostream>
using namespace std;

int main(void)
{
 int num;
 int* pt;

    cout << "何人の点数を入力しますか=\n";

    cin >> num ;
    pt = new int[num];
    cout << "点数の入力  \n";

    for(int i=0; i<num; i++){
            cin >> pt[i];
    }

    for(int j=0; j<num; j++) {
            cout << j+1 << "番目の点数="  << pt[j] << "です。\n ";
    }
    delete[] pt;
```

```
        return 0;

        }
```

```
c:¥gcc>clang++ --analyze pro7_4.cpp

c:¥gcc>clang++ -o pro7_4.exe pro7_4.cpp
```

```
c:¥gcc>pro7_4.exe
何人の点数を入力しますか=
4
点数の入力
50
20
75
80
 1番目の点数=50です。
 2番目の点数=20です。
 3番目の点数=75です。
 4番目の点数=80です。

c:¥gcc>
```

　このプログラムでは、テストの点数を格納するための、配列の「要素数」が決まっていません。

　「要素数」は、利用者がキーボードから要素数を入力してから決定しているのです。

　このように、入力された人数分の配列を「動的に確保」すれば、大きめの配列を用意する必要がなく、余分なメモリを使わずにすむのです。

　ローカル変数や関数の引数が確保されるメモリ領域は、「**スタック**」と呼ばれています。

＊

　また、「グローバル変数」などの「静的変数」が確保される領域は、「**静的記憶領域**」と呼ばれ、さらに、動的に確保されるメモリ領域は、「**動的記憶領域**」(ヒープ領域)と呼ばれています。

第9章
ファイルの入出力

「C言語」でも、ファイルの入出力はできますが、「C++言語」ではどうなるかを説明します。

9-1　　　　　ストリーム

いままで作ってきたプログラムの中には、「画面」に「文字」や「数値」を「出力」したり、「キーボード」から情報を「入力」する処理をするものがありました。

「入出力」は、「画面」や「キーボード」、それに「ファイル」に対して行なわれます。

これらの装置は異なって見えますが、「C++言語」においては、さまざまな装置に対する「入出力」を統一的な方法で扱うことができるようになっています。

この入出力機能を支える概念を、「**ストリーム**」と言います。

これまで見てきたように「C++言語」においては、「ストリーム」の概念を利用して、「画面」や「キーボード」への「入出力」をすることができました。

「C++言語」では、「ファイルへの入出力」も「ストリームの入出力」として扱うことができます。
「ファイルへの書き込み」は、「出力」で、「ファイルからの読み込み」は「入力」の作業にあたります。

*

「C++」の「標準ライブラリ」では、「ファイル」を読み込むための次のような「クラス」を提供しています。

・ofstream クラス　……ファイルへの書き出し
・ifstream クラス　……ファイルへの読み込み

9-2 ファイルの出力

「ofstreamクラス」や「ifstreamクラス」を利用するには、標準ライブラリ
<fstream>をインクルードする必要があります。

プログラム9-1　標準ライブラリ<fstream>

```cpp
//pro9_1.cpp
#include <iostream>
#include <fstream>
using namespace std;

int main(void)
{
    ofstream fout("test1.txt");
    if(!fout) {
        cout << "file can't open \n";
        return 1;
}
else
  cout << "file open \n";

    fout << "hello \n";
    fout << "goodbye \n";
    cout << "file wite \n";

    fout.close();
  cout << "file close \n";

    return 0;


        }
```

プログラム9-1　実行後

```
C:\Users\nec>cd c:\

c:\>cd gcc

c:\gcc>clang++ -o pro9_1.exe pro9_1.cpp

c:\gcc>pro9_1.exe
file open
file wite
file close

c:\gcc>
```

プログラム解説

　このプログラムでは、「ofstreamクラス」から、「fout」というオブジェクトを作っています。

　「ofstreamクラスオブジェクト」が作られると、ファイルがオープンできずに「エラー」となった場合に、「fout」が「false」と評価されます。
　そのため、「if文」を利用して「エラー時の処理」を記述しておきます。
＊

　このコードでは、最後に、ファイルをクローズするために「close()関数」を呼び出してファイルを閉じています。

　このプログラムでは、ストリームの状態を知るために「!fout」という条件を記述しました。
　「入出力ストリーム」の状態を調べるには、このほかに、入出力関連の基本クラスである「isoクラス」の「メンバ関数」を使う方法もあります。

　ここで、「if文」の条件式として

```
!fout
```

という条件は、判りやすく

```
fout.fail( )
```

と記述しても同じです。

プログラムを実行したのち、「text1.txt」の内容を調べてみます。

text1.txt

「text1.txt」の内容は、確認できました。

9-3　「書式」を設定して「ファイル」に出力する

ここでは、「キーボード」から入力したテストの点数を、「ファイル」に書き込んでみることにします。

プログラム9-2　ファイルに書き込む

```cpp
//pro9_2.cpp
#include <iostream>
#include <fstream>
#include <iomanip>
using namespace std;

int main(void)
{
        ofstream fout("test2.txt");
        if(!fout) {
                cout << "file can't open ¥n";
            return 1;
}
}
const int num =5;
        int test[num];
        cout << num << "input= ¥n";
        for(int i=0; i<num; i++) {
                cin >> test[i];
        }
        for(int j=0; j<num; j++) {
                fout << "no." << j+1 << setw(5) << test[j] << '¥n';
        }
        fout.close();

        return 0;

            }
```

プログラム9-2　実行後

```
C:¥Users¥nec>cd c:¥

c:¥>cd gcc

c:¥gcc>clang++ -o pro9_2.exe pro9_2.cpp

c:¥gcc>pro9_2.exe
binput=
45
75
80
85
90

c:¥gcc>
```

　ここでは、ファイルに書き込むときに、「setw( )」を利用しています。

　「画面への出力幅」を設定するのと同じように、「ファイルの入出力」にも利用することができます。

　このプログラムを利用すると「test2.txt」というファイルが作られ、テストの成績が一定の出力幅で書き込まれています。

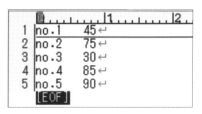

test2.txt

9-4 ファイルから入力する

　ここでは、「ファイル」から「データ」を読み込むコードをプログラムします。
プログラム9-1で作られた「test1.txt」を利用します。

　この内容を画面に出力します。

プログラム9-3　ファイルからデータを読み込む

```cpp
//pro9_3.cpp
#include <iostream>
#include <fstream>
using namespace std;

int main(void)
{
    ifstream fin("test1.txt");
    if(!fin) {
            cout << "file can't open ¥n";
        return 1;
}
  char str1[16];
  char str2[16];
    fin >> str1 >> str2;

    cout << "ファイルに書き込まれている2つの文字列は¥n ";
    cout << str1 << "です。¥n";
    cout << str2 << "です。¥n";

    fin.close();

    return 0;

            }
```

プログラム9-3　実行後

```
c:¥gcc>pro9_3.exe
ファイルに書き込まれている2つの文字列は
 helloです。
goodbyeです。

c:¥gcc>
```

ファイルからデータを読み込む場合には、「入力用ストリーム(ifstream クラス)」のオブジェクトを作ることで、ファイルをオープンします。

ここでは、「ifstrem クラス」から「fin」というオブジェクトを作ることでファイルをオープンしているのです。

オープンしたファイルからデータを読み出すには、キーボードからデータを読み込む方法と同じように「**>> 演算子**」を利用することができます。

9-5 「ファイル」から大量のデータを入力する

ファイルを扱うプログラムは、大変便利です。
しかし、テストの成績を処理するコードでは、「キーボード」から「データ」を入力するのは、入力ミスなどもあり、大変です。

＊

「テストのデータ」を、先にファイルとして用意しておけば、大量のデータをあらかじめ、用意しておくことができるので、入力作業が楽になります。

test3.txt

＊

まず、「test3.txt」として、ファイルを用意しておきます。
これらのデータを読み込んで、「成績処理」を実行するプログラムを作ります。

プログラム9-4　成績処理

```
//pro9_4.cpp
#include <iostream>
#include <fstream>
# include <iomanip>
using namespace std;

int main(void)
{
 ifstream fin("test3.txt");
 if(!fin) {
        cout << "file can't open ¥n";
```

```
        return 1;
    }
   const int num =8;
   int test[num];
   for(int i=0; i<num; i++) {
      fin >> test[i];
   }
   int max = test[0];
   int min = test[0];
   for(int j=0; j<num; j++)   {
          if(max < test[j])
              max = test[j];
          if(min > test[j])
                  min = test[j];
                  cout << "no."  << j+1 << setw(5) << test[j] << '¥n';
          }
          cout << "max=" << max << "¥n";
          cout << "min=" << min << "¥n";

          fin.close();

          return 0;

      }
```

プログラム9-4　実行後

```
c:¥>cd gcc
c:¥gcc>clang++ -o pro9_4.exe pro9_4.cpp
c:¥gcc>pro9_4.exe
no.1    70
no.2    80
no.3    60
no.4    40
no.5    50
no.6    90
no.7    56
no.8    20
max=90
min=20
```

　このプログラムでは、「保存しておいたファイル」から「データ」を読み込み、「最高点」と「最低点」などを画面に出力しています。

9-6 「コマンドライン」からの入力プログラム

　これまでのプログラムは、ファイルの中から、「あらかじめ決められたファイル名」を利用してきました。

　しかし、プログラムを実行するときに、「読み書きするファイル名」を使用者が指定できれば、より便利なものになります。

＊

　「C++言語」においては、使用者が指定した文字列を実行時に受け取る仕組みとして、「**コマンドライン引数**」という機能を利用できます。

　「コマンドライン引数」は、次のような「main(　)関数」の「引数」の形で文字列を受け取るものです。

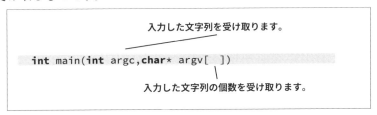

　このコードを実行すると、**1番目の引数**である「argc」には、利用者が入力した文字列の個数が格納されます。

　また、**2番目の引数**である「**配列argv[　]**」には、ユーザーが入力した文字列へのポインタが格納されます。

＊

　プログラム実行の前に、次のようなファイルを用意します。

myfile.txt

　「ファイル名」は、「myfile.txt」とします。

プログラム9-5　コマンドライン引数

```cpp
//pro9_5.cpp
#include <iostream>
#include <fstream>
using namespace std;

int main(int argc, char* argv[])
{
        if(argc !=2) {
                cout << "パラメータの数が異なります　\n　";
                return 1;
        }


        ifstream fin(argv[1]);
        if(!fin) {
                cout << "file can't open \n";
            return 1;
}
        char ch;
        fin.get(ch);
        while(!fin.eof() ) {
                cout.put(ch);
                fin.get(ch);
        }

        fin.close();

        return 0;


        }
```

プログラム9-5　実行後

```
c:\gcc>pro9_5.exe myfile.txt
my name is masaakioda,
this is a pen.

c:\gcc>
```

　ここでは、プログラムを実行するときに、「読み書きするファイル名」を「プログラム名」に続けて入力しています。

索 引

50 音順

■著者略歴

小田　政明(おだ・まさあき)

1955年	広島県生まれ
1980年	東海大学工学部動力工学科卒業
	卒業研究は電力中央研究所
1984年	玉川大学教育学部文学部卒業
同　年	東京都立砧工業高校教諭
1997年	広島県立福山工業高校教諭
1998年	米国論文工学博士号修得

現在は、IBMQにアクセスするため、pythonによる共役勾配法によらない有限要素法のプログラムを開発中。

[主な著書]

「ClangではじめるC言語」(2015)
「有限要素法」と「トラス計算」「固有振動数解析」(2013)　(工学社)

やさしい有限要素法の計算 (1990)
続・やさしい有限要素法の計算 (1991)
やさしい数値計算法 (1994)
実用　有限要素法の計算 (1997)
エンジニヤのためのC言語 (2010)　　　　　(以上、日刊工業新聞社)

パソコン　basicプログラム入門 (1989)
パソコン　basicグラフィクス入門 (1991)
パソコン　fortronプログラム入門 (1992)
パソコン　C言語入門 (1997)　　　　　　　　(以上、理工社)

本書の内容に関するご質問は、
① 返信用の切手を同封した手紙
② 往復はがき
③ FAX (03) 5269-6031
　(返信先のFAX番号を明記してください)
④ E-mail　editors@kohgakusha.co.jp
のいずれかで、工学社編集部あてにお願いします。
なお、電話によるお問い合わせはご遠慮ください。

サポートページは下記にあります。

[工学社サイト]
http://www.kohgakusha.co.jp/

I/O BOOKS

「Clang++」ではじめるC++

2020年4月30日　初版発行　ⓒ2020

著　者　小田　政明
発行人　星　正明
発行所　株式会社工学社
〒160-0004 東京都新宿区四谷 4-28-20 2F
電話　　(03) 5269-2041 (代) [営業]
　　　　(03) 5269-6041 (代) [編集]
振替口座　00150-6-22510

※定価はカバーに表示してあります。

印刷: 図書印刷(株)

ISBN978-4-7775-2107-4